스토리텔링,
## 스토리두잉으로 피어나다

같이 읽으면 가치 있는 이야기

이야기 꽃이 피었습니다

## 같이 읽는 이야기, 가치를 발견하다

이 책에 담긴 이야기들은 우리나라의 민담과 설화, 그리고 성경, 불경, 탈무드, 사서, 이솝 우화, 그리스 로마 신화 등에서 가려 뽑았습니다. 열두 달로 나누어 매달 열 송이씩, 다 해서 백이십 송이의 이야기꽃을 피워 놓았습니다. 그리고 혹 도움이 될까 싶어 이런저런 생각거리를 이야기 뒤에 '같이*가치'라는 나비 리본으로 묶어 놓았습니다. 그러고서 다시 '나는 생각이 조금 다른데요.'라는 꼭지 하나를 '생각 질문'으로 얹어 놓았습니다.

이 책에 실린 이야기는 스승 앞에 무릎 꿇고 들어야 하는 이야기도 있고, 친구처럼 어깨를 껴안고 나누는 이야기도 있고, 어머니 무릎베개에 누워 듣다가 잠들어도 좋은 이야기도 있습니다. 아니, 새소리 물소리 바람소리처럼 아, 고요하구나 하며 눈을 지그시 감고 들어도 좋은 이야기도 있습니다. 스토리텔링Story-telling은 늘 이런 모습이어야 듣는 이의 마음에 함박웃음으로 피어날 것이기 때문입니다.

잃어버린 금을 한 푼짜리 촛불로 찾게 되듯, 가장 깊은 진리는 단순한 이야기에 들어 있습니다. '양과 크기만을 재는 학교'에서 '질과 깊이까지 헤아리는 학교'로 달라지기를 바라는 마음이 사람마을에 새록새록 피어나기를 바랍니다. 그곳이 교실이어도 좋고 동네어귀여도 좋고, 햇빛 비치는 곳이라면 어디도 괜찮습니다. 그리하여 이야기들이 잔잔한 감동으로 이어져, 깊은 생각과 바른 실천을 낳았으면 하는 바람입니다. 스토리텔링이 한걸음 더 나아간 곳에서 늘 만나게 되는 것이 스토리두잉Story-doing이라는 믿음을 가슴에 품고 있기 때문입니다.

이야기는 사실의 전달을 뛰어넘는 진실의 울림이어야 하기 때문에, 마음에 들지 않은 내용은 고쳐 읽어도 좋습니다. 생각이 꼭 같아야 하는 법은 없기 때문입니다. 아니, "나는 생각이 조금 다른데요."라고 말하는 모습에서 오히려 이야기의 진면목을 느낄 수 있는지 모릅니다. 장미꽃으로 가득 차 있는 세상보다, 온갖 꽃으로 수놓아져 있는 세상이 훨씬 아름답다는 사실을 우리는 이미 알고 있기 때문입니다.

그렇지만 이야기를 들으며 우리는 서로 '같이 살아가는 존재'라는 사실을 한시도 잊어서는 안 됩니다. '같이'라는 단어가 구개음화되어 [가치]로 소리 난다는 것은 우연 치고는 너무나 신기합니다. 나는 나고 너는 너라는 생각이 얼마나 많은 것을 망가뜨려 놓았습니까? 수많은 '나'가 모여 '나들'을 이루는 아름다운 세상을 이 땅에서 이루려면, '너' 또한 '나'라는 그 귀한 사실을 가치 있게 받아들여야 합니다.

"'같이 산다'는 게 무엇입니까?"
"하나도 아니고 둘도 아니게 사는 것."
"어떻게 그럴 수가 있습니까?"
"해와 햇빛, 바다와 파도, 가수와 노래 ― 하나도 아니고 둘도 아니지."

날마다 새로운 날에

박웅성 큰절

**온봄달 3월** '학교와 친구'가 같이 사는 달

도시를 지키는 사람은 교사입니다 * 018
내 인생의 길목을 지키는 작은 등불을 켜 주셨습니다 * 020
너, 신발 바꿔 신고 오너라 * 022
어떻게 요구하느냐가 중요한 것입니다 * 025
내가 너를 그토록 눈부시게 했더냐? * 027
책을 읽은 그분 또한 백조로 변했습니다 * 029
그것이 바로 인쇄되지 않은 책을 읽는 방법이다 * 032
노력만 하면 안 될 것도 없지요 * 034
그 고운 눈 위를 걸어 벗의 집으로 들어갔고요 * 036
마디지고 뒤틀린 손을 맞잡고 기도하고 있었습니다 * 038

**무지개달 4월** '이웃과 사회'가 같이 사는 달

지금 여러분의 시간은 낮인가요, 밤인가요 * 042
두 사람은 서로의 체온으로 조금도 춥지 않았습니다 * 044
수통의 물은 처음 그대로였습니다 * 046
땅속에서 물과 불이 처음 만났습니다 * 048
'누군가'가 할 헛일을 대신하고 떠나는 겁니다 * 050
아무 일도 하지 않는 줄 알았는데 그게 아니었어 * 052
두 사람이 굴뚝 속에 빠졌다고 하자 * 054
나의 소원은 한 눈이 실명되는 것이야 * 056
나라의 왕후는 일하기를 즐거워하는 달래가 되어 마땅하다 * 058
이 세상에서 가장 높은 고개가 무슨 고개냐? * 060

**들여름달  5월 '여성과 남성'이 같이 사는 달**

당신입니다 * 064
그러면 금방 병이 나을 것이옵니다 * 066
남편은 평생토록 아내의 오른손 노릇을 하였습니다 * 068
여자의 삶을 생각해 보아라 * 070
다시는 아내를 때리지 않았습니다 * 072
이래도 교육이 천성을 이긴다고 할 수 있겠습니까? * 074
가서 진짜 공주같이 차려입고 돌아와! * 076
백설 공주는 여성 해방을 위해 일했습니다 * 078
그녀는 했을까? 안 했을까? * 080
이 세상엔 여자가 더 많으냐, 남자가 더 많으냐? * 082

**온여름달  6월 '과학과 진리'가 같이 사는 달**

방 안이 빛으로 가득하구나! * 086
그 말을 중얼거린 것은 갈릴레오가 아니라 세계였다 * 088
너희는 진실을 '모두' 알고 있지는 못하다 * 090
삼각형 내각의 합은 180도보다 클 수도 있다 * 092
해를 물었을 때는 일식이 되고, 달을 물었을 때는 월식이 된다 * 094
보고서를 서명할 때 훨씬 더 많은 용기가 필요했습니다 * 096
원숭이의 자손이냐, 인간의 자손이냐? * 098
공화국은 그런 과학자가 필요하지 않다 * 100
그것은 조금 전 타고 왔던 바로 그 말이었습니다 * 102
먼저 고놈을 사 먹었어야 했는데 * 104

**더위달**  **7월 '예술과 영감'이 같이 사는 달**

어째서 내 나뭇짐이 더 작단 말인가? * 108
염소가 턱수염을 기른다고 해서 선생이 되더냐? * 110
우선 몸과 마음을 깨끗이 합니다 * 112
왜 너는 말을 하지 않느냐? * 114
이아고를 권총으로 쏘아 죽여 버렸습니다 * 116
저기 있는 농부들을 그려 보시오 * 118
잘못된 것을 파괴하는 것이 가르치기보다 훨씬 힘듭니다 * 120
장난으로 한번 해 본 것입니다 * 122
강아지가 있는 자리에서는 연주할 수 없습니다 * 124
그 사람은 내가 장례 지낸 지 오랜 고인이오 * 126

**들가을달**  **8월 '평화와 통일'이 같이 사는 달**

겁주는 일까지 그만두라고 하지는 않았네 * 130
갑옷 입히기를 즐기시는 까닭이 무엇입니까? * 132
그것은 돌과 창이지 * 134
대영제국의 승리는 신사도의 정신이 가져다주었다 * 136
내려가는 것이 곧 올라가는 길이 된다 * 138
돌아오라는 명령을 받은 게 아니라 가라는 명령을 받았네 * 140
허허허, 허허허허! * 142
그렇게 하면 거북이가 당장에 목을 뽑는다 * 144
그런데 왜 통일을 마다합니까? * 146
아들마저도 고향으로 돌아와 살 만한 나이는 아니었습니다 * 148

### 온가을달   9월 '환경과 생명'이 같이 사는 달

성인은 드디어 진리를 깨친 것입니다 * 152
남을 사랑하지 않고서는 결코 행복을 맛볼 수 없거든 * 154
중이 토한 고기라고 해서 '중토'라고 부르고 있습니다 * 156
농부는 귀엣말로 조그맣게 속삭였습니다 * 158
나비가 오지 않자 열매도 맺지 않았습니다 * 160
이 세상은 못생긴 것들이 있어서 아름다운 법이란다! * 162
그것은 결코 나비가 아니었습니다 * 164
저는 하나씩 감옥을 빠져나가고 있는 중입니다 * 166
목숨이 아까우면 서두르란 말이야! * 168
바로 이거야, 천천히 온도를 높이는 것! * 170

### 열달   10월 '존재와 시간'이 같이 사는 달

지구의 무게엔 사람들의 몸무게가 포함되어 있나요? * 174
자네는 시간의 가치를 모르는군 * 176
그러나 하루살이는 도무지 이해할 수 없었습니다 * 178
현재만이 유일한 현실이다 * 180
나는 살아 있는 동안에도 주기 때문일 거야 * 182
저야 이곳에선 그저 지나가는 길손인 걸요 * 184
플라스틱 꽃만이 죽는 법이 없다 * 186
내 나이는 셀 수가 없느니라 * 188
보름달은 과거는 있으나 미래가 없습니다 * 190
그렇다면 당신은 이미 기적을 보았소이다 * 192

들거울달 **11월** '종교와 초월'이 같이 사는 달

그랬더니 아들은 매일 아침 아버지를 찾아뵈었지 * 196
세상에 대하여 죽는다는 것은 무엇을 뜻합니까? * 198
죄 말고는 어느 것도 두려워하지 않습니다 * 200
감사를 담아 오겠다는 천사의 바구니는 비어 있었습니다 * 202
마음이 청결한 자는 복이 있나니 저희가 하느님을 볼 것입니다 * 204
빈부귀천이 나의 법 안에서는 모두 하나가 되느니라 * 206
자넨 아직도 업고 있나? * 208
그리스도의 손 노릇을 대신하기로 하였습니다 * 210
우리는 모든 길에서 설교하지 않았던가요? * 212
'일어나서 걸어라' 하고 말할 수 있는 시대도 지났습니다 * 214

섣달 **12월** '새 하늘과 새 땅'이 같이 사는 달

받기만 하고 줄 줄 모르면 다 이렇게 된답니다 * 218
건너편에 앉은 형제의 입에 넣어 주었습니다 * 220
"예, 저…… 장미꽃이에요." * 222
친구여, 이 방향으로는 얼마나 가진 것이 있으시오? * 224
당신의 품삯이나 가지고 가시오 * 226
밥은 산 자와도 나누고 죽은 자와도 나누어야 한다 * 228
공을 세우는 즉시 몸을 숨겼기 때문입니다 * 230
사람들은 그를 천하 장수 '쇠뿔이'라고 불렀습니다 * 232
그리고 그 앞에서 쓰러졌습니다 * 234
신 제우스가 금지한 '불'을 인간에게 넘겨주었습니다 * 236

한밝달  **1월 '자아와 세계'가 같이 사는 달**

그 배는 그 배일까요? * 240
어떻게 앉아서 자기를 찾겠다는 건가? * 242
이 나무는 크고 저 나무는 작다 * 244
미완성의 부분을 꼭 남겨 두도록 하여라 * 246
아팠던 속살에 영롱하게 박혀 있는 진주를 보았습니다 * 248
어린이가 이렇게 큰일을 할 수 있으리라 생각지도 못했습니다 * 250
그 다음에야 돈이나 그 무엇을 사랑해야 한다네 * 252
운하가 완성된 후! * 254
그러나 어둠이란 것은 없었습니다 * 256
지금의 걸음걸이로 간다면 두 시간이면 도착하겠소 * 258

들봄달  **2월 '가족과 행복'이 같이 사는 달**

하느님이시여, 사람을 만드시옵소서 * 262
그래서 아무것도 청구하지 않는다 * 264
이 세상에서 가장 향기로운 것은 어머니의 사랑입니다 * 266
우리 엄마는 더할 나위 없이 완전해요 * 268
온 힘을 다해 어머니를 사랑하는 것 아니겠어요? * 270
오늘은 무엇이 궁금하냐? * 272
집행관, 어서 짐의 한쪽 눈을 빼어라 * 274
못은 하나도 없지만 못 자국은 그대로 남아 있다 * 276
어머니가 나가시면 세 아들이 다 추울 것입니다 * 278
부인의 말 없는 말에 귀를 기울이십시오 * 280

도움 받은 책들 * 282

### 도시를 지키는 사람은 교사입니다.

**스토리텔링** Story-telling

매달 열 송이씩,
모두 백이십 송이의 이야기꽃을 피워 놓았어요.
함께 읽어보세요.

지혜로운 왕이 국경에 있는 도시에 시찰관을 보냈습니다. 그 도시가 안전하게 지켜지고 있는가를 알아보고 오라고 했습니다. 시찰관은 그 도시의 시장을 만나서 말했습니다.

"이 도시를 지키고 있는 사람이 누군지 알고 싶습니다. 그 사람을 만나게 해 주십시오."

그래서 시장은 도시의 치안 책임자인 경찰서장을 데려왔습니다. 그러자 시찰관은 이렇게 말했습니다.

"이 사람이 아닙니다. 나는 이 도시를 지키는 사람을 만나고 싶습니다."

그러자 시장은 도시를 지키는 수비대장을 데려왔습니다.

"아니오. 수비대장은 도시를 지키는 사람이 아닙니다."

시찰관이 여전히 고개를 젓자, 시장은 이렇게 말했습니다.

"그럼 시장인 저와 말씀하시면 안 되겠습니까?"

그러자 시찰관은 단호하게 말했습니다.

"내가 만나고 싶은 사람은 시장이나 경찰서장이나 수비대장이 아닙니다. 이 도시를 지키는 사람은 교사입니다. 나는 이 도시의 학교 선생님을 만나고 싶습니다."

## 같이*가치

우리가 함께 이루는 세상만큼
아름답고 귀한 것이 또 있을까요!
이야기와 관련된 이런저런 생각거리로
'너와 나 그리고 우리'를 깊이 생각해보세요.

쉬는 날인데도 이른 아침부터 깊은 학교를 졸업한 제자가 물었습니다.

"선생님, 수십 년을 가르치고서도 무엇이 모자라서 가르칠 것을 또 준비하고 계십니까?"

이에 늙은 교사가 조용히 대답했습니다.

"나는 내가 가르치는 학생들에게, 고인 웅덩이에서가 아니라 흐르는 시내에서 물을 마시게 해 주고 싶다네."

'좋은 교사'란 인격적으로 훌륭하여 학생들이 본받고 싶어 하는 '자기 동일시의 수업 시간에 잘 가르쳐야 합니다. 교사가 수업에 대한 연구를 철저히 대강 훑어보고 들어왔는지, 그런 알아차립니다. 연구하지 않는 교사

## 스토리두잉 Story-doing

'나는 생각이 조금 다른데요.'
생각이 꼭 같아야 하는 법은 없어요.
생각질문을 통해서 우리 안에 있는 다양한 생각들을
꽃 피워보세요.

### Story*doing

우리 사회에서 교사는 '도시를 지키는 사람'입니까?
만약 그렇지 않다면, 그것은 '교사 개인'의 문제일까요?
아니면 '사회 구조'의 문제일까요?

온봄달 **3월**
'학교와 친구'가 같이 사는 달

## 도시를 지키는 사람은 교사입니다.

지혜로운 왕이 국경에 있는 도시에 시찰관을 보냈습니다. 그 도시가 안전하게 지켜지고 있는가를 알아보고 오라고 했습니다. 시찰관은 그 도시의 시장을 만나서 말했습니다.

"이 도시를 지키고 있는 사람이 누군지 알고 싶습니다. 그 사람을 만나게 해 주십시오."

그래서 시장은 도시의 치안 책임자인 경찰서장을 데려왔습니다. 그러자 시찰관은 이렇게 말했습니다.

"이 사람이 아닙니다. 나는 이 도시를 지키는 사람을 만나고 싶습니다."

그러자 시장은 도시를 지키는 수비대장을 데려왔습니다.

"아니오. 수비대장은 도시를 지키는 사람이 아닙니다."

시찰관이 여전히 고개를 젓자, 시장은 이렇게 말했습니다.

"그럼 시장인 저와 말씀하시면 안 되겠습니까?"

그러자 시찰관은 단호하게 말했습니다.

"내가 만나고 싶은 사람은 시장이나 경찰서장이나 수비대장이 아닙니다. 이 도시를 지키는 사람은 교사입니다. 나는 이 도시의 학교 선생님을 만나고 싶습니다."

같이 * 가치

쉬는 날인데도 이른 아침부터 깊은 밤까지 가르칠 것을 준비하고 있는 교사에게 학교를 졸업한 제자가 물었습니다.

"선생님, 수십 년을 가르치고서도 무엇이 모자라서 가르칠 것을 또 준비하고 계십니까?"

이에 늙은 교사가 조용히 대답했습니다.

"나는 내가 가르치는 학생들에게, 고인 웅덩이에서가 아니라 흐르는 시내에서 물을 마시게 해 주고 싶다네."

'좋은 교사'란 인격적으로 훌륭하여 학생들이 본받고 싶어 하는 '자기 동일시의 대상'이어야 하지만, 그러기 위해서라도 우선은 수업 시간에 잘 가르쳐야 합니다. 입시 위주의 교육이라고 해도 마찬가지입니다. 교사가 수업에 대한 연구를 철저히 하고 교실에 들어왔는지, 시중에 있는 참고서만 대강 훑어보고 들어왔는지, 그런 준비마저 없이 그냥 들어왔는지 학생들은 금방 알아차립니다. 연구하지 않는 교사는 '좋은 교사'일 수 없습니다.

Story*doing

우리 사회에서 교사는 '도시를 지키는 사람'입니까?
만약 그렇지 않다면, 그것은 '교사 개인'의 문제일까요?
아니면 '사회 구조'의 문제일까요?

## 내 인생의 길목을 지키는
## 작은 등불을 켜 주셨습니다.

나는 도무지 잠을 이룰 수 없었습니다. 내가 질색으로 싫어하는 수학 시험을 내일 치러야 하기 때문이었습니다. 그래서 그만 나는 해서는 안 될 일을 저지르고 말았습니다. 나는 조그맣게 종이를 오려서 자꾸 헷갈리는 공식 몇 개를 써서, 종이를 필통의 깔개 밑에 숨기고서 자리에 누웠습니다.

다음 날 수학 시험은 예상대로 까다로운 문제가 나왔습니다. 나는 선생님의 눈길을 피해 필통을 열고 종이에 써 놓은 것을 보았습니다. 그 공식에 맞추어 문제를 다 풀었을 때, 이마가 좀 뜨겁다는 느낌이 들어 고개를 들어 보았습니다. 그랬더니 선생님이 교탁에 서서 나를 빤히 보고 계셨습니다.

나는 그만 간이 콩알만 해지는 것 같았습니다. 드디어 선생님의 그 유령 같은 발걸음은 내 앞에서 멈춰 섰고, 잠시 나를 내려다보시더니 필통을 슬그머니 집어 가셨습니다. 이제는 모든 것이 끝났습니다. 선생님의 매도 무섭고, 부모님의 꾸지람도 겁나고, 친구들의 손가락질도 견딜 수 없었습니다.

그런데 그것뿐이었습니다. 시험을 다 치자 선생님은 내게 아무 말 없이 필통을 돌려주셨고, 다음 날 수학 시험 성적을 발표하시는데 내 점수는 90점이었습니다. 불과 중학교 1학년이었던 나를 말없이 고문하심으로써, 선생님은 내 인생의 길목을 지키는 작은 등불을 켜 주셨던 것입니다.

아이들은 실수하면서 성장합니다. 넘어지며 일어나고 일어나서 다시 넘어집니다. 따라서 깨어 있는 선생님은 그때마다 학생으로 하여금 열등감이나 죄의식을 느끼게 하는 말이나, 분노와 적개심을 불러일으키는 말은 하지 않습니다. 그것이 얼마나 사람을 다치게 하는지 경험해 본 사람은 다 압니다.

야단치지 않아도 스스로 제 길을 찾아갈 것임을 믿는 선생님의 마음에서, 우리는 말 없는 가르침의 위대한 힘을 봅니다. 선생님이 아이들에게 해 줄 수 있는 일은 '조용히 지켜보는 것'과 '끝까지 기다리는 것'뿐인지도 모릅니다. 학생들에게는 믿고 기다려 주는 안내자가 필요하지, 날카로운 비평가나 속을 파헤치는 수사관이 필요한 것은 아니기 때문입니다.

이 학생이 자라서 어른이 된 뒤, 용서가 무엇이냐는 질문을 받으면 아마 이렇게 대답할 것입니다.

"용서는 짓밟힌 꽃이 그래도 뿜어내는 사랑스러운 향기와도 같은 것입니다."

*Story\*doing*

'아이의 잘못을 바로잡아 주는 것'과 '아이의 잘못을 넘어가 주는 것', 그것을 선택하는 기준은 무엇이어야 할까요?

## 너, 신발 바꿔 신고 오너라.

    나는 그때 학급 회장이자 전교 어린이회 부회장이었습니다. 시골에서 대도시로 전학 와서 제법 공부도 했고, '촌놈'이 전교 어린이회 부회장에 뽑힌지라 기를 펴고 살 때였습니다.

    여느 해처럼 12월이 되자 국군 장병에게 보낼 위문품을 모았습니다. 그 시절의 위문품은 그만그만한 주머니를 만들어 그 안에다 화장지, 칫솔, 치약, 세숫비누, 그리고 과자 몇 봉지를 넣는 것이 관례처럼 되어 있었습니다.

    크리스마스를 며칠 앞두고, 교감 선생님과 어린이회 지도 선생님, 그리고 회장과 남녀 부회장이 그 위문품을 가지고 군부대를 직접 방문하기로 하였습니다. 나는 들뜬 마음으로 교무실로 달려갔습니다.

    교무실에는 회장과 여자 부회장이 벌써 와 있었습니다. 그런데 그때 어린이회 지도 선생님이 나를 부르셨습니다. 별 생각 없이 따라간 나에게 선생님은 뜻밖의 말씀을 하셨습니다.

    "너, 신발 바꿔 신고 오너라."

    "네?"

    "집에 가서 그 검정 고무신 바꿔 신고 오란 말이야."

나는 그때서야 선생님의 말씀을 알아차렸습니다.

"신발, 이것밖에 없는데요."

"아니, 그 꼴을 하고 어디를 가겠다고. 학교 위신도 있지."

선생님은 혼자 중얼거리면서 저리로 가 버렸습니다.

총알처럼 교무실을 뛰쳐나왔습니다. 온 얼굴에 울음이 범벅이 된 채, 교문을 빠져 나와서 자취방으로 달려갔습니다. 함께 지내던 사촌형이 아직 오지 않아서, 나는 그 싸늘한 방에 벌렁 누워 퍽퍽 울었습니다. 벽을 쾅쾅 찍고 몸부림을 치다 나는 잠이 들었습니다. 나는 그때 너무 빨리 어른이 되었습니다.

같이 * 가치

교육학자 허스트 Paul Heywood Hirst 는 이상적인 교사의 모습을 이렇게 말했습니다. "나는 귀족 정치를 믿는다. 그런데 이것은 특정한 계층이나 권력에 바탕을 둔 정치가 아니라, 감수성과 사고력과 용기에 바탕을 둔 정치를 의미한다. 어느 학교에서나 이러한 교사를 찾아볼 수 있는데, 이들은 인간의 잔인함과 무질서를 초월하여 참다운 인간의 모습을 보여 준다."

어둠을 없애는 데는 한 자루의 촛불이면 됩니다.
학교마다 그런 분이 꼭 계십니다.
그것이 우리의 희망입니다.

## Story*doing

혹시 살다가 '검정 고무신을 신은 아이'를 만난 적이 있습니까?
그때 여러분은 그 아이를 어떻게 대하셨나요?

## 어떻게 요구하느냐가
## 중요한 것입니다.

어느 고등학교에서 벌어진 일입니다. 선생님이 교실에 들어왔는데도, 학생들은 와자지껄 소란스럽게 떠들고 있었습니다. 교단을 손바닥으로 탕탕 때리면서 "좀 조용히 해라." 아무리 소리를 쳐도, 학생들은 여전히 법석을 떨며 그칠 줄을 몰랐습니다.

그러자 선생님은 분필을 들어 칠판에 "실컷 떠들어라!" 이렇게 적은 다음 학생들을 말없이 바라보고만 있었습니다. 학생들은 잠시 멈칫 하더니, 이내 교실은 조용해졌습니다.

후에 선생님은 교생 실습을 나온 예비 교사에게 이렇게 말했습니다. "무엇을 요구하느냐가 중요한 것이 아니라, 어떻게 요구하느냐가 중요한 것입니다."

같이 * 가치

가르친다는 것은, 한없이 쏟아져 나오는 가죽으로 구두를 만드는 일과 같습니다. 그때그때 만나는 제자들의 발 치수에 따라, 각기 다른 크기와 다른 모양으로 가죽을 자르고 꿰매는 수고로움이 교육입니다. 따라서 화를 내는 것도 그 제자에 맞게 교육적으로 이루어져야 합니다.

그렇다고 화를 내지 말라는 것은 아닙니다. 아이들에게 상처를 입히지 않고서도 자신의 감정을 나타낼 수 있다면, 화내는 것을 두려워할 필요는 없습니다. "'너' 아주 못된 놈이야!"보다는 "'나'는 아주 화가 나 있어요!"와 같이 '나'라는 말을 사용함으로써 스스로를 자제하고 아이들을 보호하는 것도 한 방법입니다.

두 남학생이 빵을 떼어 서로 던지면서 교실을 어지럽히고 있었습니다. 이를 본 교사가 각기 다르게 행동합니다.

방법 1: 이 얼간이 같은 녀석들! 너희는 돼지우리에서 살기도 아까워. 그 못된 짓을 너희 부모에게 얘기하고 싶으니 내일 당장 학교에 나오시라고 해.
(그러고서 쥐어 팼다.)

방법 2: 빵 조각을 이렇게 버리다니, 빵은 던지기 위해서 있는 게 아닙니다.
(그러고서 몸을 굽혀 빵 조각을 주웠다.)

방법 3: …….

## Story*doing

'말'이 없는데도 '마음'이 고스란히 전해지는 경험을 해 본 적이 있나요?
혹시 '말없는 말'을 들은 적은 있나요? 한 적은 있나요? 언제였나요?

## 내가 너를
## 그토록 눈부시게 했더냐?

스승은 임종을 앞두고 보름째 혼수상태에 빠져 있었습니다. 어느 날 스승이 문득 눈을 떴을 때 가장 아끼는 제자가 곁에 있는 것을 발견했습니다.

"너는 내 침대 곁을 떠난 적이 없구나."
스승은 부드럽게 말했습니다.

"선생님 곁을 어찌 떠날 수가 있겠습니까?"
제자는 울먹이며 대답하였습니다.

"왜?"
"선생님은 제 삶의 빛이기 때문입니다."

스승은 한숨을 쉬었습니다.

"내가 너를 그토록 눈부시게 했더냐? 네가 아직도 '너' 안에 있는 빛을 볼 수 없게 할 정도로?"

### 같이*가치

2천 년 전에 예수가 "나는 진리다."라고 말했습니다. 그런데 그의 이 말은 잘못 전해져 내려와 마치 "그는 진리다."라고 한 것처럼 생각하는 사람들이 많습니다. 그러나 '나'가 진리이지 '그'가 진리는 아닙니다. 만일 내가 진리를 지니고 자신이 진리이고자 원한다면, 예수가 나에게 '나'이어야 합니다.

예수가 천만 번 베들레헴의 말구유에서 태어난다 한들, 그 예수가 천만 번 골고다에서 못 박힌다 한들, 그리하여 그 예수가 무덤에서 천만 번 다시 살아난다 한들, 그 예수가 내 안에 있지 않으면 나는 '예수'와 무관합니다.

장정일의 다음 말을 곱씹으며 '예수'를 다른 말로 바꾸어 생각해 봅시다.

"내가 읽지 않은 책은 이 세상에 없는 책이다. 예를 들어, 내가 아직까지 읽어보지 못한 톨스토이의 『전쟁과 평화』는 내가 읽어보지 못했으므로 이 세상에 존재하지 않는다. 그것이 존재하기 위해서는 톨스토이도 다른 누구도 아닌 바로 내가 그 책을 읽어야 한다. 내가 한 권의 낯선 책을 읽는 행위는 곧 한 권의 새로운 책을 쓰는 일이다. 이렇게 해서 나는 내가 읽는 모든 책의 양부가 되고 의사$_{Pseudo}$ 저자가 된다."

### Story*doing

부처를 만나면 부처를 죽이고, 부모를 만나면 부모를 죽이라!
이런 천인공노할 말이 어디 있을까요? 하지만 아닙니다. 부처일지라도, 부모일지라도, 그것을 최고의 가치로 여기면, 그 틀에 갇힐 수 있음을 경계하는 말이거든요.
나에게 '부처'는 무엇이고, '부모'는 무엇인가요?

## 책을 읽은 그분 또한
## 백조로 변했습니다.

"나는 못생긴 오리 새끼였어. 안데르센의 동화책을 읽는 순간, 그 사실을 깨달았지."

그분은 어린 시절에 모든 면에서 뒤떨어졌다고 합니다. 다른 오리 형제들에게 물어뜯기고, 닭들에게 쫓기고, 모이를 주러 오는 계집아이에게 걷어차였던 안데르센 동화의 '못생긴 오리 새끼'처럼, 그분 또한 선생님이나 친구들에게 따돌림을 당했습니다.

"네가 잘 하는 것이 도대체 뭐냐?"
"넌 무엇 하나 변변한 게 없어."

이런 소리를 워낙 많이 들어서, 어쩌다 칭찬 한마디라도 듣게 되면 오히려 쑥스럽고 어색하게 느껴질 정도였습니다.

그분이 안데르센의 동화책을 읽은 것은 초등학교 5학년 때였습니다. 학대를 받다 못해 집을 뛰쳐나온 새끼 오리가 으스스 찬바람 부는 늦가을의 숲을 헤매는 대목에서는, 그분의 코끝도 찡해 왔다고 합니다.

그러나 곧이어, 위대한 변화의 순간이 찾아 왔습니다. 눈부시도록 하얀 백조가 연못에서 헤엄치는 것을 부러운 눈으로 바라보던 새끼 오리는 문득 물 위에 비친 자신의 그림자를 보게 된 것입니다.

　아, 그는 결코 못난 새끼 오리가 아니었습니다! 자신이 그토록 부럽게 생각하던 바로 그 백조였습니다. 백조의 알이 잘못되어 오리 알에 섞여 부화되었던 것입니다. 못생긴 새끼 오리에서 눈부신 백조로 변한 것은, 동화 속의 주인공만이 아니었습니다. 책을 읽은 그분 또한 백조로 변했습니다.

　'그래, 나 또한 못난이만은 아니야. 나도 백조가 될 수 있어.'

　이렇게 마음먹은 순간, 그분에게는 위대한 변화가 찾아왔습니다. 온갖 억압과 학대를 단숨에 이겨내고, 새로 태어나는 순간이었습니다. 바로 이 순간에, 나중에 화가로서 크게 이름을 떨칠 수 있는 원동력이 그분의 가슴에서 싹을 틔웠던 것입니다.

> 같이 * 가치

　　책은 이처럼 커다란 힘을 지니고 있습니다. 책을 통해서 우리는 자신의 모습을 발견할 수 있습니다. 마치 미운 오리 새끼가 백조임을 스스로 깨달은 것처럼 책을 통해 별빛처럼 반짝이는 '나'를 찾을 수 있습니다. 책한테 말을 걸어 보십시오. 틀림없이 다정한 친구가 되어 줄 것입니다. 그리고 내가 누구인지도 소곤소곤 말해 줄 것입니다.

*Story＊doing*

어떤 책은 '보잘것없는 오리'를 '아름다운 백조'로 다시 태어나게도 하지만,
어떤 책은 '아름다운 백조'를 '보잘것없는 오리'로 무너뜨리기도 합니다.
도대체 '어떤 책들'이 그럴까요?

## 그것이 바로
## 인쇄되지 않은 책을 읽는 방법이다.

한 스승이 오늘날 무기 구입에 쓰이는 막대한 비용 가운데 작은 부분만 있어도 인류의 거의 모든 문제를 해결할 수 있다고 말했습니다.

이 말을 듣고 난 제자들은 의아하다는 반응이었습니다.
"그런데 왜 사람들은 그렇게 어리석은 짓을 하지요?"

그러자 스승은 진지하게 대답했습니다.
"사람들이 인쇄된 책을 읽는 방법만 배웠기 때문이다. 인쇄되지 않은 책을 읽는 기술을 잊어버린 거야."
"인쇄되지 않은 책이라니요?"

어느 날 제자들의 끈덕진 질문에 스승은 이렇게 대답했습니다.
"새들의 노래, 벌레들의 소리가 모두 '진리'를 울려 퍼지게 하고 있다. 풀들과 꽃들이 모두 '길'을 가르치고 있다. 들어라! 보아라! 그것이 바로 인쇄되지 않은 책을 읽는 방법이다."

오스카 와일드 Oscar Wilde 의 아름다운 글 한 편을 읽고 생각을 이어가 봅시다.

옛날에 나는 꽃들의 말을 들을 줄 알았어.
옛날에 나는 애벌레들의 말을 알아들을 수 있었어.
옛날에 나는 찌르레기들의 수다에 혼자 웃기도 했지.
침대에 누워서 파리들과 잡담을 나누기도 했어.
옛날에 나는 귀뚜라미가 묻는 말에 대답해 줄 수 있었고,
땅에 떨어져 죽어 가는 눈송이 하나하나의 슬픈 눈물에 함께 울기도 했지.
옛날에 나는 꽃들의 말을 알았는데
그런데 지금은 어떻게 된 건지 기억이 안 나.
어떻게 하던가?
어떻게 하던가?

모차르트 Wolfgang Amadeus Mozart 의 음악은 그가 거닐었던 오스트리아 잘츠부르크의 카프치너베르크 숲에서 나왔고, 악성으로 불리는 베토벤의 저 유명한 8번 교향곡 「전원」도 그가 거닐었던 숲에서 나왔습니다. 천재는 자연의 숲에서 나오지 빌딩 속에서 나오지 않습니다.

*Story*doing*

어느 시인은 '시멘트 담벼락 틈에서 피어난 풀꽃 하나'를 보고 '나'라는 생명이 얼마나 소중한지 깨닫고서, 퍽퍽 울었다고 합니다. 여러분은요?

## 노력만 하면
## 안 될 것도 없지요.

옛날 어떤 나그네가 부지런히 길을 가고 있었습니다. 그 모습을 본 한 노인이 나그네에게 물었습니다.

"여보시오, 당신은 지금 어딜 그렇게 바쁘게 가는 거요?"

나그네는 한양에 간다고 대답하였습니다. 그런데 지금 그가 가는 길은 한양과 정반대의 길인지라, 노인이 딱하다는 듯이 말했습니다.

"한양은 북쪽으로 가야지, 남쪽으로 가면 어떻게 합니까?"

그러자 나그네가 말했습니다.

"염려 말아요. 나는 성실하고 부지런한 사람이니 노력만 하면 안 될 것도 없지요."

말할 것도 없이 이 나그네는 아주 바보입니다.

같이 * 가치

방향을 잃어버린 성실은 아무 의미도 없으며, 심지어는 끔찍한 범죄 행위일 수도 있습니다. 가령, 일제강점기에 일본 공장에서 열심히 총알을 만든 조선인 노동자는 그가 성실하게 노력하면 할수록 우리 민족에게 해를 끼치게 됩니다. 또한, 학교에서 열심히 학생을 가르친 교사도 그가 성실하게 노력하면 할수록 일제의 '황국

신민화 정책'의 앞잡이로 이용되어 우리 민족에게 해를 끼치게 됩니다.

교사 말이 나왔으니, 멀리 가지 말고 학교 교훈을 한번 들여다봅시다. 대부분의 교훈에는 '성실', '노력' 등의 단어가 들어 있습니다. 이런 단어가 아직도 교훈에 자리 잡고 있는 것은 일제감정기의 유산이 청산되지 않았기 때문입니다. 제국주의 일본이 조선에 학교를 짓고 교훈을 제정하면서 왜 이런 단어를 집어넣었을까요? 거기에는 무서운 음모가 도사리고 있습니다. 무조건 성실하고 근면하면 누가 이익을 보겠습니까? 당연히 강도 일본입니다. 그리하여 결국 우리는 '보이지 않는 손'에 의해 조종되는 꼭두각시가 되고 맙니다. 일본은 바로 이 점을 노렸습니다.

물론 '성실'과 '노력'은 좋은 덕성이 담겨 있는 단어입니다. 불성실한 사람은 어디를 가나 달가운 존재가 될 수 없고, 노력하지 않는 사람은 한심한 게으름뱅이에 지나지 않기 때문입니다. 그러므로 우리는 모든 면에서 성실한 자세를 갖고 노력해야 합니다. 그러나 무조건 성실하고, 맹목적으로 노력해서는 안 됩니다. 일제강점기에, '역사와 민족 앞에' 성실하게 노력해야지 '무조건' 성실하게 노력해서는 안 되듯이 말입니다.

*Story*doing*

노동자들이 단결하여 일부러 작업 능률을 저하시키는 것을 '태업'이라고 하는데, 놀랍게도 그것은 노동자에게 정당한 권리입니다.
그런데 우리는 언제 '태업'해야 할까요?

## 그 고운 눈 위를 걸어
## 벗의 집으로 들어갔고요.

한번은 이런 일이 있었지요.

내 친구 중에 산골로 들어가 박혀 사는 사람이 있었는데, 어느 해 겨울이던가, 밤새 눈이 소복이 쌓이던 날 새벽이었어요. 뜰 앞에 눈이 하얗게 내려 있는 걸 보니 괜히 그 친구가 간절하게 생각나더군요. 그래서 식구들 모르게 혼자 집을 나와 눈길을 밟으며 친구를 찾아갔어요.

집을 빠져 나와 새벽 눈길을 걷고 있는 자신이 제 정신이 아닌 꿈속의 일처럼만 느껴졌어요. 무슨 보이지 않은 힘에라도 이끌리어 가고 있다고 할까요. 아직도 새벽 어스름이 걷히지 않은 하얀 눈길이 그렇게 고와 보일 수가 없었지요. 숲 속은 더욱 선경이었어요.

난 마침내 친구의 집 문 앞에 이르러 벗을 불렀지요. 하지만 친구는 새벽잠에 묻혔는지 대꾸가 없더군요. 몇 차례나 문을 두드리고 소리를 쳐 봐도 전혀 인기척이 없어요. 그래서 난 할 수 없이 발길을 돌리려던 참이었어요.

그런데 그때 내 등 뒤에서 어떤 느낌이 왔어요. 깜짝 놀라 뒤를 돌아보니 거기에 벗이 우뚝 서서 나를 바라보고 있지 뭡니까? 아니, 이 사람, 왜 부르는 소리에 응답이 없고 거기 그러고 서 있느냐니까, 그 친구 대답이 이러질 않겠소? 새벽에 눈길을 밟고 산골까지 찾아온 소리를 들으니 머릿속에 갑자기 떠오른 생각이 있었노라고. 내 어찌 이 앞뜰에 쌓인 눈 위에 첫 발자국을 낼 수 있으랴, 벗에게 이 발자국이 나지 않은 하얀 눈 위로 내 집에 곱게 걸어 들게 하리라. 그래서 그랬노라고.

그래서 그 친구는 앞마당에 쌓인 눈 위에 발자국을 내지 않기 위하여 뒷문을 열고 뒤꼍을 돌아서 문간 앞까지 나를 맞으러 나왔던 거예요. 그리고 난 친구의 고마운 권유에 따라 발자국이 나지 않은 그 고운 눈 위를 걸어 벗의 집으로 들어갔고요.

같이 * 가치

상대성 원리를 쉽게 설명해 달라는 부탁을 받은 아인슈타인 Albert Einstein 은 이렇게 대답했습니다. "사랑하는 사람과 함께 걷노라면 아주 먼 길이라도 눈 깜짝할 사이에 지나가고, 미워하는 사람과 함께 걷노라면 가까운 길도 지겹도록 멀게 느껴지는 것이 상대성 원리입니다."

우리에게 정말 소중한 것은 살아가는 데 필요한 많은 사람들보다는 단 한 사람이라도 마음을 나누는 길벗입니다. 여러분은 마음을 나누며 갈 수 있는 인생의 길벗이 있습니까?

*Story＊doing*

다들 엄마를 좋아하는데, 왜 그럴까요?
혹시 엄마는 늘 우리에게 '발자국이 나지 않은 하얀 눈'을 내어 주신 까닭이 아닐까요?
그렇다면 당신은 누구에게 '엄마'인 적이 있나요?

## 마디지고 뒤틀린 손을 맞잡고 기도하고 있었습니다.

뒤러 Albrecht Dürer 는 어린 시절부터 그림을 그리고 싶었습니다. 마침내 그는 얼마간의 돈을 마련해, 미술 공부를 하기 위해 유명한 화가의 화실을 찾았습니다. 거기에서 그는 자기와 똑같은 꿈을 가진 친구를 만났습니다.

그런데 그 둘은 너무 가난하여 공부와 생활을 둘 다 꾸려가기가 너무 벅찼습니다. 친구는 뒤러가 공부하는 동안 자기는 일을 하겠다고 제안하였습니다. 뒤러의 그림이 팔리면 다시 그림 공부를 계속하겠다며 말입니다.

그럴 수 없노라고 처음에는 완강히 거절하였지만, 친구의 끈질긴 설득에 뒤러는 결국 동의하였습니다. 친구가 열심히 일을 하는 동안 뒤러는 충실하게 미술 공부를 하였습니다.

마침내 뒤러의 작품이 잘 팔리게 되어, 친구가 다시 화실로 돌아올 수 있게 되었습니다. 그런데 친구의 손가락은 그 동안의 힘든 노동으로 휘고 굳어져서 더 이상 그림을 그릴 수 없게 된 뒤였습니다. 이 사실을 안 뒤러는 울부짖으며 친구를 껴안았습니다.

어느 날 밖에 나갔다가 집으로 돌아온 뒤러는 놀라운 광경을 보게 되었습니다. 친구가 그의 화실에서 뒤러를 위해 마디지고 뒤틀린 손을 맞잡고 기도하고 있었습니다. 그림을 내팽개치고 실의에 빠져 있는 뒤러를 위해 그 친구는 온 힘을 다해 기도하고 있었습니다.

뒤러는 '이렇게 손을 맞잡고 기도하는 친구의 손을 그려서 감사의 마음을 표현해야겠다.' 다짐했습니다. 이것이 이제 다시는 그림을 그릴 수 없게 된 친구를 위해 할 수 있는 일이었습니다. 뒤러는 혼신을 다해 그림을 그렸고, 이렇게 하여 그려진 것이 지금까지도 세계적으로 유명한 「기도하는 손」이라는 영감 어린 작품입니다.

그 친구의 이름은 프란츠 나이스타인 Franz Knigstein 입니다.

같이 * 가치

영국의 어떤 출판사가 '친구'란 낱말에 대해서 가장 좋은 정의를 내린 사람에게 많은 상금을 주겠노라고 광고를 했습니다. 수천이나 되는 정의 가운데에서 다음 것들이 뽑혔습니다.

'기쁨은 곱해 주고 고통은 나누어 주는 사람'
'나의 침묵을 이해하는 사람'
'언제나 정확한 시각을 가리키고 절대로 멈추지 않는 시계와 같은 사람'

하지만 1등을 한 정의는 이것입니다.
'친구는 온 세상이 내 곁을 떠났을 때 나를 찾아오는 사람'

*Story\*doing*

여러분에게 '뒤러'는 누구입니까? '프란츠 나이스타인'은 또 누구입니까? 아니면 여러분은 '혼자'입니까?

무지개달 **4월**
'이웃과 사회'가 같이 사는 달

## 지금 여러분의 시간은
## 낮인가요, 밤인가요?

　어느 대학교 물리학 시간에 교수가 학생들에게 엉뚱한 질문을 하였습니다. "낮이 끝나고 밤이 시작되는 것을 어떻게 압니까?" 교수의 이 질문에 학생들은 저마다 키득키득 웃었습니다. 해가 뜨면 낮이고 달이 뜨면 밤이라는 사실쯤은 초등학생들도 다 아는데, 그런 질문을 했기 때문입니다.

　그래서 학생들은 물리학 시간에 이런 질문을 한 까닭은, 지루한 강의를 재미있게 하기 위해서, 교수가 재치문답 같은 답변을 요구하는 모양이라고 생각했습니다. "네, 낮과 밤의 구별은 멀리서 걸어오는 교수가 대머리 물리학 교순지, 아니면 대머리 화학 교순지 분간할 수 있을 때라고 생각합니다." 이 대답을 들은 학생들은 모두 허리를 잡고 웃었습니다.

　그런 식의 답변이 계속 이어졌습니다. 얼마쯤 지나, 가만히 학생들의 모습을 지켜보던 교수가 정색을 하며 말했습니다. "아무래도 내 질문에 올바르게 대답할 학생이 없는 것 같습니다. 하는 수 없이 그 질문에 대한 답을 내가 직접 말씀드리겠습니다. 여러분, 각자 옆 사람의 얼굴을 보십시오." 학생들은 어리둥절해서 교수가 시키는 대로 옆에 있는 사람의 얼굴을 쳐다보았습니다.

　그러자 교수가 이렇게 말했습니다. "옆 사람의 얼굴이 낯선 얼굴이 아니라 친밀한 형제자매의 얼굴이라고 느껴질 때가 바로 낮입니다. 그런데 옆 사람의 얼굴에서 형제자매의 친밀함을 느낄 수 없다면, 그 사람의 시간은 항상 밤입니다. 지금 여러분의 시간은 낮인가요, 밤인가요?"

같이 • 가치

부버 Martin Buber 에 의하면, 참된 삶은 '만남'입니다. 나는 나 자체로 존재하지 못하고, '나-너'로서의 '나'이거나 '나-그것'으로서의 '나'로 존재합니다. 그런데 현대인의 인간관계는 '나-너'에서 '나-그것'의 관계로 빠르게 변하고 있습니다. 사람을 '사람'으로 보느냐 '물건'으로 보느냐의 갈림길에 우리가 서 있다는 말입니다. 써먹고 나서 버리는 물건처럼 사람을 취급하는 세상에서 '나-너'의 인격적인 만남이 사뭇 그리워집니다. '만남'은 '맛남'이어야 하거든요.

어느 수도사가 길을 걷다 구걸하는 문둥병 환자를 만났습니다. 본능적으로 그는 병이 옮을까 봐 뒤로 물러섰습니다. 한참이나 길을 가던 그는 그런 자신이 한없이 부끄러워졌습니다. 그래서 달려가 환자의 목을 껴안고 입을 맞춘 다음, 다시 길을 떠났습니다. 잠시 후 그가 뒤를 돌아보았을 때, 길에는 아무도 없었고 햇빛만 밝게 빛나고 있었습니다.

Story*doing

다른 사람들이 '나'에게 '너'입니까?
가끔 부모조차도 '그것'으로 취급하는 이 시대를, 여러분은 어떻게 헤쳐 나가고 계시나요?

## 두 사람은 서로의 체온으로
## 조금도 춥지 않았습니다.

으레 이런 이야기가 그렇지만, 그 배경부터가 온통 죽음뿐입니다. 눈보라는 치지요, 추위는 살을 엘 듯이 매섭지요, 사방팔방을 보아도 인가라고는 찾아볼 수 없지요, 정말 혹독한 상황이었습니다.

이러한 허허벌판을 두 사람이 걷고 있었습니다. 눈보라를 뚫고 가던 그들은, 신음하고 있는 한 노인을 발견하였습니다. 한 사람이 말했습니다. "우리 이 사람을 데려갑시다. 그냥 두면 얼어 죽고 말 거요." 그러자 다른 사람이 화를 내며 말했습니다. "무슨 말이오? 우리도 죽을지 살지 모르는 판국에 저 노인네까지 끌고 가다가는 다 죽게 될 거요."

그러면서 그 사람은 뒤도 돌아보지 않고 혼자서 떠나가 버렸습니다. 그러자 처음 말을 꺼냈던 사람은 노인을 등에 업고 눈보라 속을 헤쳐 나갔습니다. 노인을 업은 사람은 힘이 들어 온몸에 땀이 비 오듯이 쏟아져 내렸습니다. 더운 기운이 끼쳐서인지 등에 업힌 노인은 차츰 의식을 회복하기 시작했습니다. 두 사람은 서로의 체온으로 조금도 춥지 않았습니다.

마침내 이들은 마을에 이르렀습니다. 그런데 마을 입구에서 한 남자가 꽁꽁 언 채 쓰러져 죽어 있는 것을 발견하였습니다. 그 주검은 자기 혼자만 살겠다고 앞서 가 버린 바로 그 사람이었습니다.

먼저 간 사람은 혼자만 살겠다고 떠났는데, 그가 마주친 것은 살을 에는 강추위라는 죽음이었습니다. 하지만 또 한 사람은 죽어 가는 노인을 차마 지나칠 수가 없어 등에 업고 갔는데, 그가 마주친 것은 살을 에는 강추위까지를 넉넉히 녹이는 훈훈한 생명이었습니다. 그런데 업혀 있던 그 노인이 도리어 업은 사람의 생명을 업고 간 것이라는 생각이 들지 않으십니까?

이것이 바로 동양의 오행 사상에서 말하는 상생相生의 도입니다. 나무가 있어야 불이 붙으므로, 목木은 화火를 낳습니다. 불은 땅을 거름지게 하므로, 화火는 토土를 낳습니다. 흙 속에서 금이 나오므로, 토土는 금金을 낳습니다. 바위 속에서 물이 흘러나오므로, 금金은 수水를 낳습니다. 물은 나무의 뿌리를 키우므로, 수水는 목木을 낳습니다. 그리하여 다시 목木은 화火를 낳고, 화火는 토土를 낳고, 토土는 금金을 낳고, 금金은 수水를 낳고, 수水는 목木을 낳으면서, 생명의 순환을 계속합니다. 이것이 자연의 이치입니다.

*Story*doing*

『혼자만 잘 살믄 무슨 재민겨』, 농사꾼으로 소박하게 살아가는 전우익 님의 책입니다.
책을 읽고 나서, '진짜 나의 생각'을 말해 보세요.

## 수통의 물은
## 처음 그대로였습니다.

한바탕 큰 전투를 치르고 나서, 부상당한 병사가 애타게 물을 찾았습니다. 마침 군종 목사에게 물이 얼마쯤 남아 있었습니다. 목사는 수통을 그 병사에게 건넸습니다. 병사는 무심코 물을 마시려고 하였습니다. 그러다 주위를 돌아보니, 모든 소대원들의 눈이 자기에게 집중되어 있었습니다. 그들 또한 목이 타기는 마찬가지였기 때문입니다.

그는 목마른 것을 꾹 참고 수통을 소대장에게 넘겨주었습니다. 소대장은 수통을 받아 들더니, 입에 대고 꿀꺽꿀꺽 소리를 내며 물을 마셨습니다. 그러고는 부상당한 병사에게 다시 수통을 돌려주었습니다. 부상당한 병사가 물을 마시려다 보니, 물은 조금도 줄어 있지 않았습니다.

병사는 소대장의 뜻을 짐작하였습니다. 그는 수통에 입을 대고 소대장처럼 꿀꺽꿀꺽 소리를 내며 맛있게 물을 마셨습니다. 그러고서 수통은 다음 병사에게로 전해졌습니다. 소대원들은 모두 꿀꺽꿀꺽 물을 마셨습니다.

마침내 수통은 군종 목사에게로 돌아갔습니다. 수통의 물은 처음 그대로였습니다. 하지만 갈증을 느끼는 사람은 아무도 없었습니다.

같이 * 가치

배려한다는 것은 '상대의 관점으로 세상을 바라보는 것'입니다. 그런데 함께 배려하는 삶이야말로 진정으로 함께 살아갈 수 있는 길입니다. 어떻게 하면 삶의 갈증을 해소할 수 있는가를 이 이야기는 잘 보여 줍니다.

원수에게 줄 수 있는 가장 큰 선물은 용서입니다. 미운 사람에게는 관용, 친구에게는 우정, 자식에게는 모범, 아버지에게는 순명, 어머니에게는 미소, 자신에게는 존경, 그리고 모든 사람에게는 사랑입니다.

음악회를 마치고 음악당 바깥에 나와서 들은 말입니다.
"정말 대단한 성악가더라. 목소리가 음악당을 꽉 메우더라, 얘!"
"그 때문에 그만 자리가 모자라서 우리 몇 사람은 밖으로 밀려나올 수밖에 없었지 뭐니!"

그러나 여러분, 마음 놓으십시오. 성악가의 목소리가 음악당을 꽉 채우지만 그렇다고 어느 자리도 차지하지 않듯, 사랑과 배려도 바로 그런 것입니다. 수통의 물이 줄지 않은 까닭도 바로 여기에 있습니다.

*Story*doing*

우리 시대의 '수통'은 무엇일까요?
혹시 그 '수통'을 차지하고 내놓지 않으려는 사람들을 알고 계시나요?

## 땅속에서
## 물과 불이 처음 만났습니다.

"앗, 뜨거워!"
"앗, 차가워!"

땅속에서 물과 불이 처음 만났습니다. 그들은 서로 부딪치면서 고함을 쳤습니다. 한쪽은 너무 뜨거워서 참기 어려웠습니다. 다른 한쪽은 너무 차가워서 견디기 힘들었습니다. 물줄기와 불줄기가 뒤엉키면서 한바탕 소동이 벌어졌습니다. 그 둘은 지지 않겠다고 옥신각신하며 서로를 밀어냈습니다.

그런데 어느 순간, 불줄기는 그만 기운이 빠지는 듯하더니 이내 온몸이 부드러워지는 걸 느꼈습니다. 물줄기 또한 불을 만나 뒤엉키면서 어느 순간, 차갑던 자신의 온몸이 따뜻해지는 걸 느꼈습니다.

얼마쯤 시간이 지났을까, 불과 만나 뜨거워진 물이 땅속에서부터 솟아나기 시작했습니다. 하얀 김이 무럭무럭 피어났습니다. 물줄기도 놀랐습니다. 불줄기도 놀랐습니다. 땅속의 어두움을 벗어나 밝은 세상을 보게 된 놀라움, 이 세상의 가지가지 아름다움을 보는 기쁨, 그러나 무엇보다도 신나는 것은 산에 사는 짐승들이 찾아오는 것이었습니다.

어느 날인가는 몸을 다친 노루가 찾아와 몸을 담그고 갔고, 또 어느 날인가는 사슴 가족이 와서 쉬어 갔습니다. 노루의 상처는 어느새 아물었고, 피곤에 지친 사슴 가족도 생기를 되찾았습니다. 찾아온 짐승들은 고맙다는 인사를 몇 번씩이나 하고 돌아갔습니다.

불줄기와 물줄기는 비로소 지난날 서로 다툰 일이 부끄러워졌습니다. 그럴수록 그 둘은 서로 사랑으로 꼭 껴안으며 다스운 온기를 오래오래 간직했습니다. 이제, 어두운 땅속에서 서로 옥신각신한 것은 아련한 추억으로 남아 있을 뿐입니다.

*같이 ＊가치*

일반적으로 온천은 지표의 물이 지하로 들어가서 데워진 다음에 다시 밖으로 솟아오른 섭씨 25도 이상의 물을 가리킵니다. 실제로 온천수에 염분이 많으면 만성 피부 질환에 좋고, 철분이 많이 있으면 빈혈에 좋고, 라돈이 들어 있으면 신경통에 좋다고 합니다.

위의 이야기처럼 물줄기와 불줄기가 만나 서로 뒤엉키는 고통을 겪어야만 치유의 생명수인 온천이 만들어집니다. 이것을 간파하고 있는 스승은 큰 수술을 앞둔 제자에게 말했습니다. "고통 없이 낫기를 바라는 사람은 변화 없이 발전하기를 바라는 사람과 같다. 잘 참아야 한다."

*Story＊doing*

'불'이 '물'을 바로 만나면 물은 불을 꺼뜨리는데,
그 사이에 '솥'이 들어가면 불은 물을 덥혀 맛있는 음식을 만들기도 합니다.
살아가면서 '솥'을 만나 본 적이 있나요?

## '누군가'가 할 헛일을
## 대신하고 떠나는 겁니다.

　이십여 년 전의 일입니다. 충무 앞바다 어딘가에 거북선이 묻혀 있다는 소문이 떠돌았습니다. 그러나 말뿐, 사람들은 엄두를 내지 못했습니다. 그 당시로서는 해저 탐사 기술도 물론 모자랐지만, 그 엄청난 경비 하며 위험 부담으로 선뜻 나서는 사람이 없었습니다.

　그런데 영국의 해저 탐사 기술단이 들어와 충무 앞바다를 샅샅이 뒤졌습니다. 이러기를 한 달, 그러나 거북선은 나오지 않았습니다. 결국 소문뿐이었지, 충무 앞바다에 거북선이 없다는 사실만을 확인하였습니다.

　우리나라를 떠나면서 기자 회견을 할 때, 영국의 탐사 단장에게 어떤 기자가 물었습니다.

　"결국 헛수고만 하고 떠나게 되는 것이 아닙니까?"

　탐사 단장은 이 말에 고개를 끄덕였습니다.

　"물론 그래요. 그러나 그 바다 밑에 거북선이 묻혀 있다는 소문이 떠도는 한 누군가가 탐사를 했을 것입니다. 우리는 그 '누군가'가 할 헛일을 대신하고 떠납니다. 그것이 우리의 보람입니다."

얼마 전에 일어난 사고입니다. 새벽 청소를 마치고 쓰레기를 잔뜩 실은 청소차 위에 납작하게 엎드려 있던 청소부가, 달리던 차에서 고개를 들었다가 그만 전깃줄에 목이 걸리는 바람에 떨어져 크게 다쳤습니다.

텔레비전 뉴스를 보던 한 어머니가 쯧쯧 혀를 차며 안됐다고 하다가, 옆에 있는 자기 아이에게 자못 심각하게 말했습니다. "얘야, 잘 보았지? 열심히 공부해야지, 그렇지 않으면 너도 청소부가 되어 저렇게 될지 모른단다."

정말 그럴까요? 요즘 한 학급에 보통 30명 가까이 되는데 전부 공부를 열심히 해서 다 백 점을 맞는다 하더라도―그럴 수는 없겠지만―그들이 자라서 '누군가'는 청소부 일을 해야 합니다. 그러니 청소부도 인간답게 살 수 있는 작업 환경과 생활을 보장해 주어야지, 내 자식만은 저 자리 안 갔으면 좋겠다고 피하기만 하면 되겠습니까? '누군가'는 해야 할 일인데 말입니다.

그런데 세상은 '아무도' 해서는 안 될 짓을 하는 사람은 의외로 대접받고, '누군가' 꼭 해야 할 일을 하는 사람은 천덕꾸러기가 되기 일쑤입니다. 이제는 바꾸어야 합니다. 이 바꾸는 일 또한 '누군가' 해야 하는데, 바로 내가 그 '누군가'가 되면 어떻겠습니까?

Story*doing

세상에는 '헛일'이 없습니다. 누군가가 그 일을 '헛일'로 만들 뿐. 해도 흔적도 남지 않는 가사 노동에 대해 생각해 봅시다. 어머니께 고맙다는 문자를 보내고 싶지 않으세요?

## 아무 일도 하지 않는 줄 알았는데 그게 아니었어.

사람의 몸에는 여러 가지 기관이 있습니다. 하루는 이 기관들이 모여 자기 자랑도 하고 남의 흉도 보며 시간을 보냈습니다.

손이 말했습니다. "아무리 보아도 저 위란 놈은 언제나 손끝 하나 놀리지 않는단 말이야." 손의 말에 입이 맞장구를 쳤습니다. "맞아, 그래 놓고도 저놈은 가만히 앉아서 맛있는 음식은 모두 받아먹어."

그러자 이가 말했습니다. "나쁜 놈, 나는 이제 음식이 들어와도 씹지 않을 테야." 그 말에 입이 덩달아 말했습니다. "괘씸한 놈, 나도 이제 음식을 먹지 않을 거야. 어디 좀 견뎌 보라지."

이에 손뼉을 치며 손이 말했습니다. "좋았어, 우리 한번 위란 놈을 혼내 주자고. 오늘부터 나는 어떤 음식도 입에 넣지 않을 거니까." 이가 거들었습니다. "좋아, 나도 음식을 씹지 않을 테야." 손과 입과 이는 의견 일치를 보았고, 그날부터 음식을 먹지도 씹지도 않았습니다.

그런데 며칠이 지나자 손발은 힘이 빠지고, 다른 기관들도 흐느적흐느적 맥이 빠졌습니다. "이게 어떻게 된 일이지?" "글쎄 말이야, 이거 큰일 났군." 기관들은 야단이 났습니다. "안 되겠어. 음식을 먹어야겠어." "그래, 위가 아무 일도 하지 않는 줄 알았는데 그게 아니었어." 기관들은 저마다 제 할 일이 있다는 것을 비로소 깨달았습니다.

인간은 단지 혼자서 사는 것도 아니고, 혼자서 살아온 것도 아닙니다. 나는 혼자라고 해도 잘 생각해 보면 혼자가 아닙니다. 우리는 다른 것과의 관계 속에서 살고 있습니다. 따라서 한쪽이 없으면 다른 쪽이 없습니다. 각기 다른 쪽을 자기 존재의 전제로 서로 의존하며, 상대방의 성격을 자기 속에 끌어들이며 살고 있습니다. 동東이 서西를 전제하고, 북北이 남南을 전제하듯, 우리는 서로에게 전제가 됩니다.

이처럼 인간은 '간間' 속에서 살아가는 관계적 존재입니다. 사람을 단순히 인ㅅ이라고 하지 않고 인간ㅅ間이라고 하는 까닭도 여기에 있습니다. 인간은 누구나 남편과 아내, 교사와 학생, 자본가와 노동자, 지도자와 대중 등 관계의 그물에 편입되어 살아갑니다. 따라서 학생은 선생같이 되면 될수록, 선생은 학생같이 되면 될수록, 학생으로서 또는 선생으로서 더욱 발전할 수 있다는 말까지 나오는 것입니다.

*Story*doing*

생태학이란 '생명체'를 그 생명체에 한정하지 않는 학문입니다.
생명체를 둘러싸고 있는 하늘과 바람과 땅과 물을 모두 생명체와 한 몸으로 여깁니다.
'나'라는 생명체는 어떤 생태학적 조건에서 살아가고 있나요?

## 두 사람이
## 굴뚝 속에 빠졌다고 하자.

"두 사람이 굴뚝 속에 빠졌다고 하자. 그중 한 사람은 새까맣게 그을음을 뒤집어썼으며 한 사람은 말짱했다면 대체 어느 쪽이 세수를 했을 것 같아?"

"그야 물론 그을음을 뒤집어쓴 쪽이 했겠죠."

"허허, 그런데 그게 아냐. 그을음을 쓴 쪽은 말짱한 쪽을 보고 나도 말짱하겠지 생각할 것이고, 말짱한 쪽은 더럽혀진 쪽을 보고는 나도 더럽혀졌겠구나 했던 거야. 그러니까 깨끗한 쪽이 씻었지."

"……."

"다시 질문하지. 두 사람이 다시 굴뚝에 빠졌다면 이번에는 어느 쪽이 씻었을 것 같아?"

"보나마나 말짱한 쪽이 씻었을 테죠."

"그렇게 생각했을 테지. 하지만 말짱한 쪽은 씻다 보니 별로 더럽혀지지 않았다는 걸 깨닫게 되었어. 더럽혀진 쪽은 깨끗한 사람이 왜 씻었는지를 눈치 채게 되었고. 그래서 이번에는 그을음을 뒤집어쓴 쪽이 씻게 되었지."

"……."

"다시 질문하지. 두 사람이 다시 굴뚝에 빠진다면 이번에는 누가 씻을까?"

"물론 더럽혀진 쪽이 씻게 되겠죠."

"하지만 그렇지가 않아. 생각해 봐. 도대체 두 사람이 똑같이 굴뚝에 빠져 가지고, 한 사람은 말짱한데 한 사람만이 새까맣다는 말을 들어 봤냐 말이야."

"……."

『탈무드』의 가르침인데, 조세희의 『난장이가 쏘아 올린 작은 공』이라는 소설집에 실려 있습니다. 산업 시대에 접어든 1970년대의 우리 사회의 허구와 병리를 난쟁이의 왜소하고 뒤틀린 모습을 통해 적나라하게 폭로하는 소설입니다. 그 시절에 불린「작은 세상」이라는 노래를 들어 보고, 사람이 사람답게 살아가는 꿈에 대해 생각해 봅시다.

> 함께 나누는 기쁨과 슬픔 함께 느끼는 희망과 공포
> 이제야 비로소 우리는 알았네 작고 작은 이 세상
> 산이 높아 험해도 바다 넓고 깊어도
> 우리 사는 이 세상 아주 작고 작은 곳

### Story*doing

두 사람이 똑같이 굴뚝에 빠졌는데,
한 사람은 말짱한데 한 사람만이 새까만 사회를 본 적이 있나요?

## 나의 소원은
## 한 눈이 실명되는 것이야.

　도력이 뛰어난 늙은 성자가 길을 걷다가 두 사람의 여행자를 만났습니다. 알고 보니, 한 사람은 탐욕스러운 욕심쟁이였고 다른 사람은 시기심으로 가득 찬 심술쟁이였습니다. 성자는 그들과 헤어지면서 그들에게 소원을 들어주기로 약속하였습니다. 다만, 먼저 원한 사람의 소원이 성취되면 다른 사람은 그것의 두 배를 얻게 된다는 조건이 전제되어 있었습니다.

　탐욕스러운 사람은 그가 원하는 것을 말하고 싶었습니다. 그러나 그는 자기 소원을 먼저 말하고 싶지 않았습니다. 그는 상대방보다 두 배의 몫을 차지하고 싶었고, 더욱이 상대방이 자기의 두 배를 얻는다는 것은 참을 수 없는 일이었기 때문입니다. 시기심이 많은 사람도 마찬가지였습니다. 그래서 둘은 모두 상대방이 먼저 소원을 말하기를 기다리고 있었습니다.

　결국, 심술쟁이는 시키는 대로 하지 않으면 죽이겠다는 욕심쟁이의 협박에 굴복하여 먼저 말하게 되었습니다.

　"그렇다면 내가 먼저 소원을 말하지. 나의 소원은 한 눈이 실명되는 것이야."

　즉시 심술쟁이는 한 눈이 멀었고, 욕심쟁이는 두 눈이 다 멀게 되었습니다.

같이 * 가치

옛날에 고통스러운 병으로 고생하는 왕이 있었습니다. 그를 치료하는 의사는, 병을 고치는 방법은 항상 만족하게 생활하는 사람의 속옷을 밤낮으로 입는 길밖에 없다고 했습니다. 그래서 왕은 신하들을 보내 그런 사람을 찾아서 그의 속옷을 가져오라고 명령했습니다.

여러 달이 지나 모든 영토를 샅샅이 뒤진 신하들이 돌아왔습니다. 그러나 그들은 빈손이었습니다. 왕이 다급하게 물었습니다.

"만족해하는 사람을 찾지 못했는가?"

신하 중 한 사람이 대답했습니다.

"한 사람을 찾긴 찾았습니다."

"그렇다면 왜 그자의 속옷을 가지고 오지 않았는가?"

그러자 신하가 아뢰었습니다.

"그는 속옷을 입지 않고 살고 있었습니다."

왕의 병은 '만족 없음'에서 비롯된 것입니다. "욕심이 잉태하여 죄를 낳고, 죄가 장성하여 사망을 낳는다." 성경의 이 말씀이 왕의 병을 낫게 하는 유일한 처방전입니다. 그 밖에는 백약이 무효일 것입니다.

*Story*doing*

신문을 보고 '우리 시대의 욕심쟁이'는 누구이고, '우리 시대의 심술쟁이'는 누구인지 찾아서, 발표해 보세요.

## 나라의 왕후는
## 일하기를 즐거워하는 달래가 되어 마땅하다.

임금님에게 외아들이 있었는데 며느리를 고르게 되었습니다. 앞으로 왕후가 될 사람이므로 슬기로운 처녀를 찾아야 했습니다. 임금님이 며느리를 뽑는다는 방을 보고 처녀들 수백 명이 궁전으로 모여들었습니다. 임금님은 처녀들에게 문제를 하나 냈습니다. "너희에게 쌀 한 되씩을 주겠다. 이것으로 한 달 동안 먹다가 다시 모여라."

처녀들은 걱정이었습니다. 쌀 한 되면 며칠이면 바닥이 날 것이기 때문이었습니다. 그래서 어떤 처녀는 쌀 물을 끓여 조금씩 마셨고, 어떤 처녀는 하루 한 홉으로 겨우 연명하였습니다. 그리고 대부분은 아예 포기하였습니다.

그중에 달래라는 처녀가 있었습니다. 달래는 임금님이 주신 쌀을 앞에 놓고 밤새도록 궁리했습니다. '훌륭한 임금님께서 이런 엉터리 시험 문제를 내실 리가 없다. 임금님 생각이 무엇일까?' 아침이 되어서야 달래는 무엇을 깨달았는지 무릎을 탁 치고 방실 웃었습니다.

달래는 부엌에 가서 쌀 한 되로 몽땅 떡을 만들었습니다. 그러고는 예쁜 옷을 입고 시장에 나갔습니다. 임금의 며느릿감쯤 되는 아름다운 처녀가 떡을 파니까 떡이 잘 팔렸습니다. 총각들이 앞 다투어 떡을 사 먹었습니다.

달래는 떡 판 돈을 가지고 다시 쌀을 팔아 떡을 만들었습니다. 그러고는 남들처럼 굶는 것이 아니라 장사해서 번 돈으로 먹고 싶은 것을 실컷 사 먹었습니다.

그러니까 몸도 건강해지고, 떡판을 이고 다니며 햇볕에서 장사를 열심히 했기 때문에 얼굴도 알맞게 타서 더욱 아름다워졌습니다.

드디어 한 달이 지났습니다. 다른 처녀들은 인력거에 타거나 아버지 등에 업혀 뼈만 남은 송장이 되어 궁궐에 모여들었습니다. 그런데 달래는 힘차게 두 팔을 흔들며 들어왔습니다. 달래 뒤에는 쌀이 가득 실린 소달구지가 따라 들어왔습니다. "임금님이 주신 쌀 한 되로 장사를 하여 그 동안 제가 잘 먹고 남은 것이 한 달구지나 되었사오니 받으시옵소서."

임금님은 달래의 이야기를 듣고 이렇게 말했습니다. "달래는 있는 것을 앉아서 먹기만 한 것이 아니라, 열심히 일해서 그것을 불릴 줄 알았느니라. 이 나라의 왕후는 일하기를 즐거워하는 달래가 되어 마땅하다."

일하기를 즐거워하는 사람이 왕후가 되고 왕이 되는 나라야말로 '일하는 사람들의 나라'입니다. 그런데 말입니다. 일하지 않고 앉아서 먹기만 한 처녀가 왕후가 되어 대접받는 나라라면, 그 나라는 어떻게 되겠습니까?

*Story*doing*

'일하기를 즐거워하는 나라'를 만들려면 무엇을 어떻게 바꾸어야 할까요?
혹시 '불로 소득'이란 말을 들어 본 적이 있나요?

## 이 세상에서
## 가장 높은 고개가 무슨 고개냐?

　옛날 어진 임금님이 한 분 계셨습니다. 하루는 임금님이 어느 나인이 가장 슬기로운지 시험해 보기로 했습니다. 임금님은 나인들을 모두 불러 한자리에 모이게 하셨습니다. 임금님은 "이 세상에서 가장 좋은 꽃이 무슨 꽃이냐?" 하고 물으셨습니다.

　나인들은 서로 "연꽃입니다." "모란꽃입니다." "백합꽃입니다." "매화꽃입니다." "함박꽃입니다." 하면서 이 세상에서 아름다운 꽃들을 모두 임금님께 아뢰었습니다. 그러나 임금님은 고개를 옆으로 흔들며 아니라고 하셨습니다.

　이때 맨 뒤에 있던 한 나인이 앞으로 나와 "이 세상에서 가장 좋은 꽃은 목화이옵니다." 하고 말했습니다. 임금님은 그때서야 고개를 끄덕끄덕하시면서 "네 말이 옳도다. '아름다운 꽃'이 아니라 '가장 좋은 꽃'이라 하였으니, 목화를 심어 부유하게 되면 이 나라 또한 살찌게 되니 그 이상 좋은 꽃이 없느니라." 하셨습니다.

　임금님은 두 번째 문제로 "이 세상에서 제일 높은 고개가 무슨 고개냐?" 하고 물으셨습니다. 나인들은 "대관령 고갭니다." "문경 새재입니다." "추풍령 고개입니다." "용문산 고개입니다." 하며 저마다 높은 고개를 모조리 아뢰었습니다. 그러나 임금님은 고개를 좌우로 흔들 뿐이었습니다.

　이때에 아까 목화라고 했던 나인이 다시 일어나서 "세상에서 제일 높은 고개는 보릿고개이옵니다." 하며 겸손히 아뢰었습니다. 임금님은 그때서야 무릎을 탁 치시며 "과연 짐이 바라던 지혜로운 자이로고." 하며 기뻐하셨습니다. 그리고 그를 우두머리 나인으로 임명하고, 나라에 어려운 일이 있을 때마다 그 나인과 의논해서 백성을 잘 다스렸습니다.

하느님이 지상에 강림하기로 결심하시고, 우선 천사를 보내어 땅 위의 형편을 살펴보고 오게 하셨습니다.

돌아온 천사는 다음과 같이 보고하였습니다.
"많은 사람들이 먹을 것이 모자라고, 일자리도 모자랍니다."

그러자 하느님은 다음과 같이 말씀하셨습니다.
"그럼 내가 주린 이들을 위하여 음식 모양으로, 일자리가 없는 이들을 위하여 노동의 형태로 강림하리라."

*Story*doing*

일하다 보면 거짓말도 하고, 나쁜 짓도 하게 되지만, 그래도 일해야 합니다.
"사람은 일할 때 가장 적게 죄를 짓는다."라는 말, 어떻게 생각하세요?

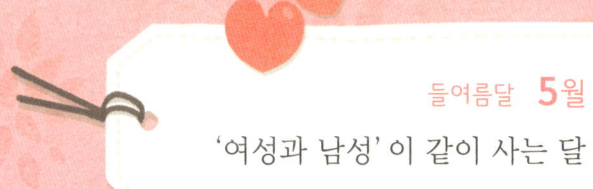

들여름달 **5월**

'여성과 남성'이 같이 사는 달

## 당신입니다.

한 총각이 처녀를 미칠 듯이 사랑하였습니다. 어느 날 더 이상 참을 수 없게 된 그는, 밤늦게 연인의 집에 가서 방문을 두드렸습니다. 그러고는 처녀에게 날 좀 방 안에 들여보내 달라고 청하였습니다.

처녀가 물었습니다.

"당신은 누구신가요?"

그가 대답하였습니다.

"나요."

그러자 방 안에서 처녀가 대답하였습니다.

"이 방은 너무 좁아요. 한 사람밖에 들어올 수가 없답니다. 가세요!"

그는 슬픔을 잊기 위해 세상을 떠돌아다녔습니다. 그는 처녀가 왜 자기를 거절했는지 알 수가 없었습니다. 더구나 그 처녀도 자기를 사랑하는 것이 분명한데도 말입니다.

몇 년을 떠돌아다니다가 마침내 한 가지 생각이 문득 났습니다. 그래서 곧장 고향으로 달려갔습니다. 밤늦게 처녀의 집에 도착한 그는, 다시 방문을 세차게 두드렸습니다.

처녀가 물었습니다.

"누구요?"

"당신입니다."

그러자 문이 열리고 처녀가 뛰쳐나와 청년을 안으며 말했습니다.

"오랫동안 기다렸습니다."

셰익스피어는 「불사조와 거북」에서 이렇게 말했습니다. "사랑의 세계에서는 수數가 암살당했다." 그렇습니다. 사랑은 복수複數와 공존할 수 없습니다. 사랑하는 사람 사이에서는 '너'와 '나'의 구분이 불가능합니다. 사랑하는 사람은 언제나 그 영혼과 마음이 하나이기 때문입니다.

못을 박으려고 망치를 잡은 오른손이 잘못해서 왼손의 손가락을 내리쳐도, 왼손은 오른손에게 뭐 하는 짓이냐고 힐책하지 않고, 오른손은 왼손더러 멍하니 있다가 이게 무슨 꼴이냐고 나무라지 않습니다. 오히려 즉시 망치를 던지고 자기가 다치게 한 왼손을 감싸 줍니다. 그들은 원래 '둘'이 아닌 '하나'이기 때문입니다. 그것이 사랑의 세계입니다.

*Story*doing*

'너'와 '나'의 구분이 없는 것도 사랑이지만, '너'와 '나'의 구분이 있는 것도 사랑이에요. 왜 이런 앞뒤 안 맞는 말을 할까요? 예?

그러면
금방 병이 나을 것이옵니다.

한 이슬람 왕이 노예 처녀에게 홀딱 반했습니다. 왕은 그녀와 결혼하여 그녀를 총희寵姬로 삼을 작정으로, 그녀를 노예 집단 거주지에서 왕궁으로 옮겨오게 했습니다.

하필이면 왕궁으로 들어오던 바로 그날부터 처녀는 몸져누워 버렸습니다. 병은 끊임없이 악화되었습니다. 알려진 처방이라곤 안 써 본 것이 없건만, 백약이 무효였습니다. 가엾은 처녀는 목숨이 오락가락하게 되었습니다.

절망한 나머지 왕은, 누구든지 그녀를 낫게 하는 사람에게는 왕국의 절반을 주겠노라고 방을 붙였습니다. 그러나 그래 봐야 병을 고치겠다고 나서는 사람은 아무도 없었습니다. 온 나라의 내로라하는 명의들마저 난감하게 만든 그런 병이었기 때문입니다.

마침내 이슬람의 현자 의사인 하킴이 나타나, 처녀를 혼자 만나게 해 달라고 청했습니다. 한 시간 동안 처녀와 깊은 대화를 나눈 다음, 하킴은 초조하게 결과를 기다리는 왕 앞에 나타났습니다.

"폐하, 과연 틀림없는 묘방이 있긴 있사옵니다. 어김없이 효험이 있을 터인즉, 낫지 못한다면 저의 목을 잘라도 좋습니다. 하오나 폐하, 제가 권하는 약은 지극히 고통스러운 약입니다. 처녀에게가 아니라 폐하께 말이옵니다."

"그 약이 무엇인지 말하라! 어떤 희생이 따르더라도 약을 쓰도록 하겠다!"

하킴은 안쓰러운 눈길로 왕을 바라보며 말했습니다.

"처녀는 폐하의 종을 사랑하고 있사옵니다. 결혼을 윤허하소서. 그러면 금방 병이 나을 것이옵니다."

왕은 진정 딱한 처지에 놓이게 되었습니다. 보내자니 너무나 아쉬웠고, 죽도록 내버려 두자니 너무나 사랑했던 것입니다.

## 같이＊가치

사월 초파일 부처님 오신 날 한강에서, 물고기를 놓아주는 방생 의식을 본 적이 있습니까? 방생放生은 생명을 해방시킨다, 즉 산 것을 놓아준다는 뜻입니다. 생명을 사랑하므로 제가 소유하지 않고 해방시켜 주는 것, 이것이 방생의 깊은 의미입니다.

그렇습니다. 사랑은 방생입니다. 사랑은 때로 새장 문을 열어 새를 훨훨 날아가게 해 주는 것입니다. 사랑은 '구속의 새장'에서 소유하는 것이 아니라 '해방의 하늘'에서 자유롭게 존재하도록 돕는 일입니다. 그것이 사랑입니다.

### Story＊doing

사랑은 '즐거운 구속'이지만 동시에 '자유로운 해방'입니다.
왜 이런 앞뒤 안 맞는 말을 또 할까요? 예?

## 남편은 평생토록
## 아내의 오른손 노릇을 하였습니다.

 십자군 전쟁 때, 한 기사가 모슬렘 살라딘에게 포로로 잡혔습니다. 죽음을 앞둔 그는 영국에 자기를 목숨처럼 사랑하는 아내가 있다면서 살려 달라고 간청하였습니다.

 살라딘은 아내가 곧 그를 잊고 다른 사람과 결혼할 것이라고 비웃었습니다. 하지만 자기 아내는 결코 그러지 않을 것이라며, 포로는 간청을 멈추지 않았습니다. 그러자 살라딘은 장난스럽게 제안을 하나 했습니다.

 "당신은 아내가 당신을 목숨을 바쳐 사랑할 정도라고 말하고 있는데, 자, 그럼 한 가지 제안을 하겠소? 당신을 사랑한다는 표시로 아내가 자신의 오른손을 보내면 당신을 풀어 주겠소."

 영국에 있던 부인은 그 말을 듣자 곧 자신의 오른손을 잘라 살라딘에게 보냈습니다. 포로는 즉시 석방되어 영국에 돌아왔고, 살아 돌아온 남편은 평생토록 아내의 오른손 노릇을 하였습니다.

 지금도 영국의 어느 오래된 성당에는 이 여인의 동상이 있는데, 그 동상은 오른손이 없는 모습이 그대로 조각되어 있다고 합니다.

**같이 * 가치**

여성의 살림살이는 오랫동안 천대받아 왔습니다. 그러나 그 안에는 생명을 돌보고 살리는 일이 담겨 있습니다. 바로 이 점을 간파한 어느 시인이 이렇게 말합니다. '살림' 곧 '살리는 일'이 여자의 일이요, '살림살이' 바로 '살리는 일을 자기의 삶으로 사는 것'이 바로 여자라고 말입니다. 그러면서 시인은 "아이를 낳고 키우는 '살림'의 능력을 가진 여성이 결국 실패한 사회를 바꿀 수 있다."라고까지 말하였습니다.

그렇다고 사랑과 희생의 신화 속에 여성을 묶어 놓고 자기 이익을 모조리 챙기고 싶어하는 남성 중심주의 사회의 음모까지 동의해 달라는 말은 아닙니다. 그것은 마땅히 버려야 할 쓰레기이기 때문입니다. 그러나 '그저 남자 원수 삼아 집 뛰어나가는 식'으로, 가정을 끈끈한 동아리로 만드는 매개자 역할을 쉽게 포기하는 요즘 몇몇 여성들에게 이 이야기는 여전히 채찍입니다.

* 사족(蛇足)
  30여 년 동안 학교에서 경험한 것이지만, 문제아 뒤에는 반드시 문제 부모가 있습니다. 견문이 좁아서인지, 아직까지 예외를 발견한 적이 단 한 번도 없습니다.

*Story*doing*

'오른손이 없는 모습이 조각된 동상'이 왜 여성이어야 할까요?
이런 이야기 속에는 어떤 생각이 살며시 숨어들어 있을까요?

## 여자의 삶을 생각해 보아라.

한 성인이 제자들과 함께 길을 걷다가, 사람들의 뼈가 산더미처럼 쌓인 곳을 지나게 되었습니다. 갑작스러운 재난이 닥쳐, 많은 사람들이 죽어간 곳이었나 봅니다. 살아 있을 때 부귀영화를 누리던 사람, 고생하던 사람, 얼굴이 예쁜 사람, 미운 사람 등 온갖 사람의 뼈가 모여 썩어 가고 있었습니다.

누군가가 말했습니다.
"삶이란 참으로 무상하구나. 죽으면 모두 같은 뼈다귀만이 남는데……."

그때 성인은 제자들에게 물었습니다.
"너희 중 누가 여기에서 여자의 뼈를 가려낼 수 있겠느냐?"

모두 얼굴만 마주 보았습니다. 그러자 성인은 뼈 하나를 들고 말했습니다.
"자, 여기 이 뼈가 여자의 것이다."
"선생님, 어찌 그것을 아십니까?"
"여자의 삶을 생각해 보아라. 어려서는 여자이기 때문에 남자보다 늘 못한 대접을 받는다. 결혼하여 아기를 가지면 온몸의 양분을 아기에게 준다. 아기를 낳을 땐 많은 피를 흘린다. 젖을 먹이며 또한 자기 몸의 일부를 아기에게 준다. 그러다 보면 여자의 살과 피뿐 아니라 뼈에 든 양분은 남아 있을 수 없게 된다. 쓰디쓴 여자의 삶이 뼈를 이토록 가볍고 검게 만든 것이다."

제자들은 스승의 이야기를 들으며 자기 어머니의 고난에 찬 삶을 생각했습니다. 그리고 그 자리에 주저앉아 뜨거운 눈물을 흘렸습니다.

 같이 * 가치

좀 다른 각도에서 이 이야기를 살펴봅시다. '여자이기 때문에' 우리 어머니, 그 어머니의 어머니들이 대대로 걸어온 삶의 길에 대해 다시 생각해 보자는 말입니다. 이제 우리는 남자의 뼈도 같이 검어지는 방법을, 아니 모두의 뼈가 같이 희어지는 방법을 찾아야 할 때가 아닌가 싶습니다. 지금까지 우리는 아이를 낳고 키우고 가르치는 일을 가정, 특히 어머니에게 전적으로 떠맡겨 왔습니다. 이것이 어머니의 뼈를 검게 한, 문제의 근본적인 원인입니다.

우리나라는 외환위기 이후 출산율이 곤두박질치기 시작하여 지금은 세계 최하위에 머물고 있습니다. 생존이냐 출산이냐를 강요받는 사회에서 여성이 선택할 수 있는 길은 어쩔 수 없이 생존입니다. 아이를 낳고 기르는 모성 비용을 사회가 감당하지 않고 출산만을 강요한다면, 이 시대의 여자의 뼈도 검어질 수밖에 없습니다. 주저앉아 눈물만 흘릴 때가 아닙니다.

*Story＊doing*

2017년, 여자 1명이 평생 낳을 것으로 예상되는 평균 출생아 수를 보여주는 합계 출산율이 1.05명으로 최저치가 되었습니다. 왜 이 지경이 되었을까요?

## 다시는
## 아내를 때리지 않았습니다.

　옛날 돈 많은 평민 남자가 귀족의 딸을 아내로 맞았습니다. 남편은 아내가 귀족의 딸이자 얼굴까지 아름다워 늘 의심하였습니다. 그래서 그는 곰곰이 생각한 끝에 '그래, 아침에 일어나면 아내를 사정없이 때려 줘야지. 그러면 하루 종일 울고 있을 테니 울고 있는 여자를 유혹하는 놈은 없을 거야.' 하고 결심했습니다. 아내에게 결혼 생활은 지옥이었습니다.

　어느 날 왕의 신하들이 마을을 지나가다 이 집에 들렀습니다. 공주의 목에 가시가 걸렸는데 아무도 그것을 빼지 못해 훌륭한 의사를 찾아다닌다는 것이었습니다. "어머, 잘 오셨어요. 제 남편은 훌륭한 의사랍니다. 그런데 남편은 자기가 의사라는 것을 감추려고 해요. 몽둥이로 패지 않으면 환자를 보지 않는답니다." 아내는 남편의 버릇을 고치려고 거짓말을 하였습니다.

　신하들은 이 말을 믿고, 안 가려는 남편을 몽둥이로 때린 다음 궁궐로 데려갔습니다. 왕 앞에 선 남자는 몸을 덜덜 떨면서 말했습니다. "대왕이시여, 제발 용서해 주십시오. 저는 의사가 아닙니다." 몽둥이찜질이 시작되었습니다. 남자는 할 수 없이 공주 방에 들어가 온갖 우스꽝스러운 짓을 다 해 공주를 웃겼습니다. 그 바람에 목에 걸린 가시가 튀어나왔습니다.

　이 소식을 들은 왕은 남자에게 궁궐에 머물면서 사람들의 병을 치료하라고 명령했습니다. 남자가 싫다고 하자 또 몽둥이를 든 사람이 달려들었습니다. 정말 큰

일이었습니다. 곳곳에서 아픈 사람들이 모여들었습니다. 남자는 병자들을 한곳에 모아놓고 이렇게 말했습니다.

"여러분 모두를 한꺼번에 치료한다는 것은 매우 어려운 일입니다. 그래서 당신들 가운데 가장 심한 병을 앓고 있는 사람을 골라 이 난로에 넣어 태우고 재를 만들 것입니다. 그 재를 먹으면 다른 사람들은 바로 낫게 될 것입니다. 그러니 누구든지 한 사람 용감하게 희생해 주십시오."

이 말을 들은 사람들은 너나없이, 자기는 의사 선생님 덕에 병이 나았노라고 말하며 문을 빠져나갔습니다. 겨우 곤경에서 빠져나온 이 남자는 집으로 돌아와 다시는 아내를 때리지 않았습니다.

### 같이 * 가치

매 맞는 아내의 문제에 대해서 보통 남자들은 이렇게 말합니다. "오죽 했으면 때렸겠나." "좀 맞으면 어때. 북어와 여자는 그저 패야 맛이지." "남의 집안일에 감 놔라 배 놔라 할 것 없어." 하지만 가정 폭력은 더 이상 그 집안 일이 아니라 우리 모두가 해결해야 할 사회 문제입니다.

### Story*doing

'매 맞는 아내'가 문제이던 사회가, '매 맞는 남편'이 문제로 떠오르는 사회로 빠르게 달라지고 있습니다. 이 문제를 어떻게 풀어야 할까요?

### 이래도
### 교육이 천성을 이긴다고 할 수 있겠습니까?

옛날 어느 마을에 지혜로운 사람들이 살고 있었습니다. 마을 사람들은 하늘과 땅의 이치를 깨닫기 위해 애쓴 결과 어느 정도 경지에 이르게 되었습니다. 그러나 인간에 대해서는 참으로 깨달음을 얻기가 힘들었습니다.

어느 날, "사람에게 중요한 것은 생겨날 때부터 타고나는 천성인가, 아니면 태어난 뒤에 배워서 알게 되는 교육인가?" 하는 문제를 놓고 마을 사람들이 입씨름을 하였습니다.

한 사람이 말했습니다. "천성이 더 중요합니다." 그러자 다른 사람이 안으로 들어가서 평소에 잘 길들여 두었던 고양이들을 데리고 들어왔습니다. 고양이들은 한 개씩 켠 촛불을 앞발로 받쳐 든 채 집단으로 춤을 추었습니다. "그래, 어떻소? 이래도 천성이란 말입니까? 가르쳐 놓으니까 고양이도 이만큼 된 것이 아니오?"

그러자 다른 사람이 조금만 기다려 달라고 하더니, 자기 집으로 뛰어갔습니다. 그는 집에 가서 쥐들을 잡아 노끈으로 뒷발을 묶은 다음, 보자기에 싸 가지고 자리로 돌아왔습니다. 그곳에서는 여전히 촛불을 받쳐 든 고양이들이 춤을 추고 있었습니다. 그때 그는 보자기에 있던 쥐들을 방 안에 풀어놓았습니다. 한쪽 뒷다리가 이어서 묶인 쥐들은 멀리 가지도 못하고 허둥거렸습니다.

바로 그때 이것을 본 고양이들은 들고 있던 촛불을 내팽개쳐 버리고 쥐를 잡아 먹으려고 뛰어나갔습니다. 그 바람에 방 안은 한바탕 소동이 벌어졌습니다. 그러자 비로소 그는 입을 열어 점잖게 말했습니다.

"이래도 교육이 천성을 이긴다고 할 수 있겠습니까?"

같이 * 가치

그런데 이 세상은 그렇지가 않습니다. 잘못된 교육이 천성을 오랫동안 짓눌러 오고 있습니다. 교과서는 어린이의 남녀 역할 학습에 크게 영향을 미칩니다. 그런데 초등학교 수학 교과서에 이런 문제가 있습니다. "줄넘기에서 철수는 75번 넘었고, 순희는 철수보다 7번 덜 넘었습니다. 순희는 몇 번 넘었을까요?" 이런 교과서로 배운 어린이들은 과연 자라서 어떻게 살까요?

분명히 생물학적으로 여성섹스(sex)은 남성과 다르게 '태어납니다'. 하지만 사회적으로 여성젠더(gender)은 여성으로 '길들여진다'는 사실 또한 잊어서는 안 됩니다. 남성을 '제1의 성'이라고 하면서 여성은 '제2의 성', 곧 열등한 성이라고 가르치는 무리가 누구인가 보면 확실히 알 수 있습니다.

*Story doing*

'차이'는 존중하되 '차별'은 배격한다는 말을 들어 본 적이 있나요?
'차이를 존중하는 법'과 '차별을 배격하는 법'에는 어떤 것이 있을까요?

## 가서
## 진짜 공주같이 차려입고 돌아와!

옛날에 슬기라는 공주가 살고 있었습니다. 공주는 커다란 성에서 살았고 비싼 드레스도 많았습니다. 그런데 어느 날 무서운 용이 나타나 성을 부수고, 뜨거운 입김으로 공주의 옷을 모두 불태워 버렸습니다. 그리고 공주와 결혼하기로 한 오만 왕자까지 붙잡아 갔습니다.

다들 엄두를 내지 못하고 있는데, 공주는 왕자를 구하기로 결심하였습니다. 공주는 주위를 둘러보았지만 불타지 않고 남아 있는 것이라곤 종이 가방밖에 없었습니다. 공주는 종이로 옷을 지어 입고, 용을 쫓아갔습니다.

마침내 슬기 공주는 거대한 동굴 문에 다다랐습니다. 공주는 문을 탕탕 두드렸습니다. 용은 코를 문 밖으로 내밀었습니다. "오, 공주로군! 너를 잡아먹고 싶지만, 난 성을 통째로 삼켜 배가 부르단 말이야. 내일 오너라!"

그러자 "기다려!" 하고 공주가 외쳤습니다. "네가 세상에서 가장 힘센 용이라는 게 정말이냐?" "그렇고말고." 공주가 물었습니다. "네 입김으로 숲을 태울 수 있다는 것도 정말이냐?" "암, 그렇지." 용은 깊게 숨을 들이쉬어 불을 내뿜어 오십 개의 숲을 태워 버렸습니다.

"와, 멋지다!" 슬기 공주의 칭찬에, 용은 다시 백 개의 숲을 태웠습니다. 그러다 용은 그만 지친 나머지 그대로 뻗어 잠이 들고 말았습니다. "이봐, 용아!" 슬기 공주가 아무리 흔들어 봐도 용은 꼼짝도 하지 않았습니다.

공주가 동굴 문을 열고 들어가자, 거기에 오만 왕자가 있었습니다. 그런데 왕자는 공주를 보고 얼굴을 찡그리며 이렇게 말하는 것이었습니다. "슬기 공주, 너는 너무 더러워! 너한테선 재 냄새가 나고, 네 머리는 헝클어졌고, 게다가 낡은 종이옷을 입었구나. 가서 진짜 공주같이 차려입고 돌아와!"

"오만 왕자, 네 머리는 예쁘고 단정해. 진짜 왕자 같구나. 하지만 너는 형편없는 아이야!" 공주는 뒤도 돌아보지 않고 나와 버렸습니다. 물론 공주는 왕자와 결혼하지 않았습니다.

여성은 태어나는 것이 아니라 길들여집니다. 이를 깨달은 여성들은 그들이 듣고 자란 동화에 주목하게 되었습니다. 「신데렐라」, 「백설 공주」, 「인어 공주」 등의 동화는 '갑자기 나타난 왕자'에 의해 모든 문제가 해결됩니다.

그들은 성 역할을 바꾸고자 하는 작업에 들어갔습니다. 「종이옷 공주」도 그 작업 중의 하나입니다. 천편일률적인 낭만적 사랑의 틀에서 아이들을 해방시키기 위해서, 그들은 이러한 시도를 했습니다. 의미 있는 일입니다.

텔레비전 드라마를 보면 여전히 '갑자기 나타난 왕자'에 의해 모든 문제가 해결됩니다. 그런 드라마를 보면 어떤 생각이 들던가요?

## 백설 공주는
## 여성 해방을 위해 일했습니다.

옛날에 백설 공주가 살고 있었습니다. 공주의 머리는 흑단나무처럼 까맣고, 뺨은 눈처럼 희고, 입술은 앵두처럼 빨갰습니다. 그렇지만 공주는 궁궐의 모든 부귀영화가 백성들의 고된 노동을 통해 얻어진다는 사실을 알고서부터 마음 깊이 슬픔을 안은 채 살고 있었습니다.

어느 날 공주는 말을 타고 숲속을 가다가, 거친 수염을 기른 청년을 만났습니다. 공주는 그 청년이 바로 자기의 고민을 해결하는 일을 하는 것을 알았습니다. 죽도록 일하고 시달리기만 하는 백성들을 해방시키는 것을 목적으로 하는 '자유 해방군'에 그가 속해 있다는 사실을 알아낸 것입니다. 헤어질 때 그는 공주에게 빨간 책 하나를 선물하였습니다.

백설 공주는 일곱 날 일곱 밤 동안 이 책을 읽어서 거의 외울 정도가 되었습니다. 그 결과 공주는 그 청년이 하고 있는 일이 옳다는 확신을 갖게 되었습니다. 그리하여 공주는 왕궁을 뒤로하고 일곱 언덕을 넘어 숲속에 있는 자유 해방군의 진영에 도착하였습니다. 그들은 열광적으로 환영했습니다. 아름다운 공주가 자유 해방군에 가세하였다는 소식은 산불처럼 왕국에 퍼져 나가 더 많은 추종자들이 생겼습니다.

여러 번 왕의 군대의 교활한 음모를 물리친 자유 해방군은 드디어 왕정을 무너뜨렸습니다. 그러고는 백설 공주가 가담한 혁명 정부를 수립하였습니다. 혁명 정부에서 백설 공주는 여성 해방을 위해 일했습니다. 그래서 나라의 모든 백성들은 백설 공주를 좋아하고 존경하였습니다. 아마 죽지 않았다면 백설 공주는 지금도 그렇게 열심히 정의로운 일을 하면서 살고 있을 것입니다.

같이＊가치

어릴 때 읽은 「백설 공주와 일곱 난쟁이」라는 동화를 기억하십니까?
자, 그 내용을 머리에 떠올리면서 다음 시를 읽어봅시다.

나는 당신을 번쩍이는 패물로 유혹하지 않으리라.
화사한 얼굴로 유인하지도 않을 것이고
날씬한 몸매로 홀리지도 않을 것이며,
나의 생각을 감추는 그럴 듯한 겉치레로
당신을 즐겁게 하지도 않으리라.
결코 나는 가짜 아름다움으로 당신 앞에 나타나지 않으리라.
나는 대머리로 오리라

Story＊doing

'혁명 정부에서 여성 해방을 위해 일하던 백설 공주'는
오늘날 어떤 모습으로 환생했는지 아세요?

## 그녀는 했을까? 안 했을까?

광고는 그 무엇인가를 사고 싶어 못 견딜 정도로 현실을 결핍에 가득 찬 것으로 만듭니다. 광고는 현대인으로 하여금 그 무엇인가 끊임없이 먹고 싶도록 굶주리게 하고, 마시고 싶도록 목마르게 하고, 입고 싶도록 헐벗게 합니다. 그런 의미에서 광고는, 사람들로 하여금 자신이 현재 소유하고 있는 모든 것에 늘 불만을 갖게 만드는 신기한 기술입니다.

그런데 이 광고 효과가 얼마나 큰지 아십니까? 불과 수십 년 전만 해도, 미국에서 머리를 염색하는 일은 닭털로 된 목걸이를 거는 것만큼이나 금기로 되어 있었습니다. 그래서 염색약은 그나마 몇몇 튀는 여성들 덕분에 근근이 그 명맥을 유지하고 있었습니다. 그러던 중, 탁월한 광고 문안 작성가인 폴리코프가 다음과 같은 카피를 만들어 냈습니다.

"그녀는 했을까? 안 했을까?"

그 결과, 오늘날 미국에서는 열 명 가운데 일곱 명 정도가 머리에 염색을 하고 있는데, 거기에 드는 비용이 무려 20억 달러를 넘어서고 있답니다.

자본주의는, 인간의 노동은 물론 사회생활의 모든 부문을 상품으로 바꾸었습니다. 그리하여 인격적인 부분이어야 할 인간의 성마저도 물건처럼 판매하기에 이르렀습니다. 이제 성은 스트레스 해소에서부터 사교, 오락, 유흥, 퇴폐에 이르기까지 다양하게 팔려 나갑니다. 또한, 성은 인간의 가장 감각적인 부분을 자극하여 소비를 촉진하는 상품 광고와 결합되어 있습니다.

우리는 수영복을 입은 여성 모델이 등장하는 자동차 타이어 광고, 여성의 몸매가 구두의 선線과 번갈아 클로즈업되는 구두 광고, 강한 것으로 넣어 달라며 고혹적인 미소를 흘리는 여성이 나오는 기름 광고 등등, 여성의 성적 매력을 부각하여 여성을 인격체가 아닌 하나의 사물, 또는 익명의 성적 대상으로 전락하게 만드는 광고를 일상생활에서 수없이 만나게 됩니다.

예를 하나 더 들어 드릴까요? 영화 산업의 불황 타개책으로 등장한 것이 '벗기기 영화'인데, 영화에서 흥행의 성패는 카피가 얼마나 선정적인지에도 달려 있습니다. 그중에서 어느 영화의 광고 문안 한번 들어 보시렵니까?

"내 청춘 재가 되어도 좋아요. 부드럽고 뜨겁게 그리고 오래도록!"

### Story*doing

자본주의 사회에서 마지막으로 상품화되는 것이 '인간의 몸'입니다.
인간의 몸마저 사고파는 사회, 어떻게 해야 할까요?

## 이 세상엔
## 여자가 더 많으냐, 남자가 더 많으냐?

먼 옛날에 마음씨 좋은 임금님이 나라를 다스리고 있었습니다. 임금님은 왕비를 얼마나 사랑했던지, 왕비 말이라면 무엇이든지 다 들어 주었습니다.

어느 날은 왕비가 멀쩡한 이불을 "다른 이불로 바꿔 주세요." 하자, 당장 새것으로 바꾸어 주었습니다. "그건 무명 이불 아니어요? 비단 이불로 갖다 주세요." 하자, 재빨리 비단 이불로 바꾸어 들고 왔습니다. 그러나 며칠이 못 가서 왕비는 비단 이불까지도 싫다며, "새털로 속을 넣은 새털 이불이라야 가볍고 따뜻하지 않겠어요?" 하며 투정을 부렸습니다.

왕은 세상의 새들을 불러 모아 그 털을 몽땅 뽑아내고 날려 보냈습니다. 그런데 오직 부엉이란 새만은 해가 지도록 나타나지 않다가 밤이 되어서야 왕 앞에 날아와 앉았습니다.

"왜 그대는 낮에 오지 않았는고?" 왕이 묻는 말에 부엉이는 천천히 대답하였습니다. "저는 종일토록 무얼 좀 생각하느라 늦었습니다." "그래, 무얼 생각했다는 거냐?" 그랬더니 부엉이는 마치 그 질문을 기다리고 있었단 듯이 이렇게 대답하는 것이 아니겠습니까? "이 세상엔 여자가 더 많으냐, 남자가 더 많으냐 하는 것입니다."

그래 왕이 "어느 쪽이 더 많다고 생각하느냐?" 묻고는, "내 생각으론 부부들이

어쨌거나 똑같으니, 남녀의 수가 같다고 보는데." 하고 말했습니다. 그러자 부엉이는 고개를 저으며 이렇게 말했습니다. "남자라도 남자 노릇 제대로 못 하고, 아내에게 쩔쩔매다 죄 없는 새들이나 발가벗기는 사내는 사내 수에 넣어서는 안 됩니다." 왕은 자기 꼴이 생각나 진땀이 다 났습니다.

정신 분석학자인 프로이트 Sigmund Freud 가 정신 질환을 치유하는 방법은 상식에서 출발합니다. 환자들은 고통의 '원인'을 모를 뿐, 고통 받고 있다는 '사실'을 알고 있기 때문에 그를 찾아옵니다. 프로이트는 고통의 '원인'을 찾아내 그것을 제거해 줄 뿐입니다. 치료 방법이 매우 상식적이지 않습니까?

우리 사회가 안고 있는 문제도 그 원인을 제대로 찾아내야 상식적으로 문제를 해결할 수 있습니다. 그런데 "이제까지 남성들이 시켜 왔으니, 앞으로는 여성들이 시키는 대로 해" 하는 식의 돌팔이 처방을 내리면 문제는 복잡해집니다. 어제의 피압박자가 오늘의 압박자가 되는 것은 또 다른 악순환의 시작이기 때문입니다. 압박 자체를 없애야지 '압박의 자리바꿈'은 아무런 의미가 없습니다.

"여자는 삼 일에 한 번씩 때려야 해."를 "남자는 숨 쉴 때마다 한 번씩 때려야 해."로 비트는 것을 미러링 Mirroring이라고 합니다. 혐오를 혐오로 되갚아서 문제가 해결될까요?

온여름달 6월
'과학과 진리'가 같이 사는 달

## 방 안이
## 빛으로 가득하구나!

어느 나라의 왕자가 결혼할 나이가 되었습니다. 그래서 가장 아름답고 지혜로운 아가씨를 뽑아 왕자의 아내로 삼기로 했습니다. 많은 아가씨들이 심사를 받았습니다. 그리하여 마지막에 세 명의 아가씨가 남게 되었습니다.

세 아가씨는 모두 눈부시게 아름다워 왕도 왕자도 선뜻 누구를 간택할 수가 없었습니다. 한 사람만을 골라야 했지만, 모두 똑같이 아름다워 눈을 뜨고 뽑는다는 일은 도저히 불가능할 정도였습니다.

그리하여 왕은 아가씨들을 궁궐에 모아 놓고, 아주 적은 액수의 돈을 똑같이 나누어주었습니다. 그리고 그 돈으로 하루 안에 각자의 방을 가득 채워 놓으라고 분부했습니다. 지혜로움을 시험하기 위해서였습니다.

다음날 아침, 왕은 아가씨들의 방을 둘러보았습니다.

첫 번째 아가씨의 방에 들어서자, 방 한가운데에 화장품이 놓여 있었습니다. 그 아가씨가 말했습니다. "전하, 전하가 주신 돈으로는 이만큼의 화장품밖에는 살 수가 없었나이다."

왕은 다음 아가씨의 방으로 가 보았습니다. 그 아가씨의 방에는 옷감이 쌓여 있었습니다. "전하가 주신 돈으로는 이만큼 채울 수밖에 없었나이다."

왕은 세 번째 아가씨의 방에 가 보았습니다. 그 아가씨의 방 한가운데에는 양초

몇 자루가 타고 있었습니다. 방 안은 불빛으로 구석구석까지 가득 차 있었습니다. 아가씨는 말했습니다. "전하가 주신 돈으로 이 양초를 샀나이다."

왕은 기뻐서 흥겨운 목소리로 말했습니다. "오오, 훌륭하도다. 방 안이 빛으로 가득하구나!" 물론 세 번째 아가씨가 왕자의 아내로 뽑혔습니다.

### 같이 * 가치

앞의 두 아가씨는 '미리' 내려져 있는 결론을 받아들였기 때문에, 그만한 행동밖에 할 수 없었습니다. 그런데 세 번째 아가씨는 "그 적은 돈으로 방을 가득 채우라니, 왜 그런 분부를 하셨을까?" 하는 문제의식을 갖고 접근했기 때문에 창의적인 행동을 할 수 있었습니다.

농구 선수 행크 루이세티를 아십니까? 그가 등장했을 무렵, 모든 농구 코치들은 두 손으로 하는 슛 동작을 가르쳤습니다. 그런데 그는 한 손으로 하는 점프 슛을 시도하였습니다. 그는 주위의 반대를 무릅쓰고 한 손 슛을 정착시켜 농구 역사의 새로운 장을 열었습니다.

여러분은 문제를 제기하는 습관을 가지고 있습니까?
그냥 받아들이는 타성에 젖어 있습니까?

### Story*doing

"왜?"라고 묻지 않았다면, 사회의 발전도 역사의 진보도 없었을 것입니다.
그런데 "왜?"라고 물어야 할 때가 언제일까요?

# 그 말을 중얼거린 것은
# 갈릴레오가 아니라 세계였다.

과학사에 위대한 업적을 남긴 갈릴레오 Galileo Galilei 에 얽힌 이야기는 사람들에게 널리 알려져 있습니다. 그러나 이야기 중에는 잘못된 것도 있어서 갈릴레오에 대한 정확한 이해를 그르치고 있습니다.

갈릴레오가 지동설을 유포한 죄로 종교 재판에 회부되었을 때의 일입니다. 갈릴레오의 종교 재판은 1633년 6월 22일 로마의 산타 마리아소프라 미네르바 수도원에서 엄숙히 개정되었습니다. 판결이 끝난 후 갈릴레오는 무릎을 꿇고 판결문에 쓰인 모든 과오와 이단 행위를 포기하고 자신에게 내려진 모든 회개를 성실하게 실행할 것을 맹세하였습니다.

그런데 갈릴레오가 선서를 마치고 일어선 뒤, 지구가 움직이는 것을 부정한 데 대해서 양심의 가책을 받아 안절부절못하다가, 땅을 내려다보고 "그래도 역시 지구는 움직이고 있다."라고 중얼거렸다고 사람들은 알고 있습니다. 갈릴레오는 그만큼 진리를 사랑했고 과학자로서 용기 또한 대단했다고 감탄하면서 말입니다. 그런데 이 일화는 유감스럽게도 사실이 아니라고 합니다.

만일 그가 그 말을 그 자리에서 하였더라면 재판소는 법정 모독 행위로 더 심한 형벌을 그에게 주었을 것이 틀림없습니다. 그런데 그에 대한 판결은 금고형이었고, 실제로는 이틀 동안 구금되었다가 풀려나와 자택에 돌아갈 정도로 가벼웠습니다. 병으로 쇠약한 데다 고문을 하겠다고 협박을 받은 70세의 노인에게서 그런 용기를 기대하기란 애초부터 어려운 일이었는지 모릅니다.

이를 뒷받침하는 증거가 20세기에도 발견되었습니다. "선서를 읽은 다음 갈릴레오가 그래도 역시 지구는 움직이고 있다고 중얼거렸다는 것은 사실이 아니다. 그 말을 중얼거린 것은 갈릴레오가 아니라 세계였다." 영국의 철학자 러셀 Bertrand Russell 이 한 말입니다.

하지만 갈릴레오가 완전히 굴복한 것은 아니었습니다. 그는 그 후 죽을 때까지 자택에 감금되어 끝내는 장님이 되었지만, 1636년 마지막 저술 『두 가지 새 과학에 대한 논의의 수학적 논증』을 완성하였습니다. 절대적 권력에 의해 궁형宮刑에 처해졌지만, 온갖 치욕을 뚫고 저 위대한 역사책 『사기史記』를 저술한 사마천司馬遷이 문득 떠오릅니다.

갈릴레오의 삶에 대해 따뜻한 마음을 가지고 생각해 봅시다. 그리고 러셀의 말이 담고 있는 속뜻도 곱씹어 봅시다.

### Story＊doing

"으으으리!"라는 말 들어 본 적이 있나요?
진짜 '의리'는 무엇이고, 진짜 '용기'는 무엇일까요?

## 너희는 진실을 '모두' 알고 있지는 못하다.

어느 날 해가 말했습니다.

"나뭇잎은 초록색이다."

그런데 달이 나뭇잎은 은빛이라고 우겼습니다.

어느 날 다시 달이 말했습니다.

"사람들은 늘 잠만 잔다."

그러자 해가 그들은 언제나 움직인다고 우겼습니다.

"그러면 왜 땅이 그렇게 조용하냐?" 하고 달이 물었습니다.

해가 고개를 갸웃거렸습니다.

"누가 그러더냐? 땅은 언제나 시끄러운데."

이렇게 해서 말다툼이 벌어졌습니다. 그때 바람이 나타나 그들이 다투는 소리를 듣고 "쓸데없는 논쟁을 하고 있구나!" 하며 웃었습니다.

"나는 하늘에 해가 떠 있을 때도 불고, 밤에 달이 떠 있을 때도 분다. 해가 빛을 비추는 낮에는 해가 말한 대로 땅이 시끄럽고 사람들은 모두 움직이고 나뭇잎은 초록색이다. 그러나 달이 빛을 비추는 밤이 되면 모든 것이 달라진다. 사람들은 잠을 자고 온 땅이 고요해지고 나뭇잎은 은빛이 된다. 구름이 달빛을 가리면 나뭇잎은 검은색이 되기도 한다. 너희는 진실을 '모두' 알고 있지는 못하다."

같이 * 가치

베르길리우스 Publius Maro Vergilius 라고 들어 보셨습니까? 고대 로마의 시인인데, 동양에서 두보 杜甫 를 시성 詩聖, 역사 상에 뛰어난 위대한 시인 이라고 부르듯이 서양에서도 그를 시성이라고 부릅니다. 그가 죽은 지 천이백 년이 지난 뒤 그의 조각상이 고향 만토바에 세워졌는데, 책상에 앉아서 무엇인가를 쓰고 있는 교회법 학자와 같이 근엄한 모습이었습니다. 그런데 그로부터 백 년이 지난 뒤 르네상스 시대에 만들어진 그의 모습은 달라졌습니다. 책상에 앉아 있던 그가 광장으로 나와 웅변가와 같은 자세로 청중을 향해 무엇인가를 말하고 있었습니다.

이것이 바로 '중세'와 '르네상스'의 차이라고 미술 사학자 파노프스키 Erwin Panofsky 는 말했습니다. 똑같은 시인이지만 중세인이 생각한 베르길리우스는 방 안에 있었고, 앉아 있었고, 글을 쓰고 있었습니다. 그러나 르네상스 인이 생각한 베르길리우스는 밖에 있었고, 서 있었고, 말하고 있었습니다. 중세의 베르길리우스는 혼자 있었고, 르네상스의 베르길리우스는 청중과 함께 있었습니다. 중세인이 만든 베르길리우스는 폐쇄적이었지만, 르네상스 인이 그려 낸 베르길리우스는 개방적이었습니다.

모든 것은 어떠한 '시간 자리'와 '공간 자리'에서 보느냐에 따라 달라집니다. 진리 또한 마찬가지입니다.

### Story*doing

'동학 농민 전쟁'은 한때 '동학란'이라고 불렸습니다.
'광주 민중 항쟁'도 한때는 '광주 사태'라고 불렸습니다.
누가 역사의 본명을 찾아 주었을까요?

# 삼각형 내각의 합은
# 180도보다 클 수도 있다.

기하학은 공간의 성질과 공간 안의 물체에 대한 성질을 다루는 수학의 한 분야입니다. 기하학의 기원은 고대 이집트와 메소포타미아까지 거슬러 올라가며, 측량을 포함한 실제 문제들을 해결하기 위한 노력에서 비롯되었습니다.

고대 그리스의 수학자 유클리드 Euclid 는 사람들이 오랫동안 실천을 통해 얻은 기하학적 지식을 체계화하여 유클리드 기하학을 창시하였습니다. 유클리드 기하학에서 그는 평행 공리를 내놓았을 뿐만 아니라, 이에 근거하여 삼각형 내각의 합이 180도라는 것도 도출해 냈습니다.

그런데 19세기 초반, 러시아의 수학자 로바체프스키 Lobachevski 는 비유클리드 기하학을 창시하였습니다. 그는 동일한 평면 위에서 임의의 한 점을 통하여 주어진 직선에 대한 평행선을 적어도 두 개는 그을 수 있다는 것, 그리고 삼각형 내각의 합이 180도보다 작다는 것을 증명하였습니다.

그리고 다시 19세기 중반, 독일의 수학자 리만 Georg F. B. Riemann 은 동일한 평면 위에서 임의의 한 점을 통하여 주어진 직선에 평행선을 그을 수 없다는 것, 그리고 삼각형 내각의 합이 180도보다 크다는 것을 증명하였습니다.

이와 같이 모순되는 논리들 가운데서 도대체 어느 것이 옳은 것일까요? 모두 옳습니다. 유클리드 기하학은 지면의 좁은 범위 안에서 공간의 특성을 반영하고 있으며, 로바체프스키의 비유클리드 기하학은 광대한 우주 공간의 특성을 반영하고 있으며, 리만의 비유클리드 기하학은 고체가 아닌 물질 형태의 공간 특성을 반영하고 있습니다.

## 같이 가치

데카르트 Descartes 에 의해 과학 지식이 '절대적 진리'의 반열에 올랐던 적이 있습니다. 하지만 절대 불변의 진리는 없습니다. 데카르트의 역학은 현대 과학에 의해 이미 오류임이 밝혀졌고, 20세기 초까지 절대적 진리라고 믿었던 뉴턴 Newton 물리학 또한 상대성 이론과 양자 물리학에 의해 많은 부분이 흔들렸습니다.

과학의 역사를 고찰하던 칼 포퍼 Karl Popper 는 그래서, 과학 지식의 핵심은 '반증 가능성 Falsifiability'에 있다고 했습니다. 반증 가능성이란, 모든 과학은 반증을 시도할 수 있는 가능성이 열려 있다는 것입니다. 반증을 통해 기존 과학의 오류를 밝히는 과정이 쌓이면서 과학은 진리를 향해 조금씩 나아간다는 것입니다. 과학 지식은 절대 불변의 진리가 아니라는 것이 그의 생각입니다.

'반증 가능성'이라는 개념을 '열린사회'와 연결해 생각해 봅시다.

## Story*doing

어떤 것을 '절대적 진리'라고 부르는 순간, 그것은 더 이상 '진리'가 아닙니다.
우리 사회에서 '절대적 진리'라고 불리는 것들에는 무엇이 있나요?

## 해를 물었을 때는 일식이 되고,
## 달을 물었을 때는 월식이 된다.

이 세상에 여러 나라가 있는 것처럼 하늘나라에도 여러 나라가 있습니다. 그 가운데 언제나 어둠에 잠겨 있는 나라가 있었으니, 사람들은 그 나라를 '어두운 나라'라고 불렀습니다. 어두운 나라에는 햇빛도 달빛도 비치지를 않아서 언제나 깜깜한 곳에서 살아야 했으므로 불편하기가 이루 말할 수 없었습니다.

어두운 나라의 임금님은 백성들이 어둠에서만 살아야 하니 딱했습니다. 그래서 어둠을 면할 방법을 찾으려고 하였습니다. 궁리 끝에 임금님은 인간 세상에 있는 해나 달을 훔쳐 오려고 마음먹었습니다. 임금님은 힘세고 날쌘 개를 뽑아 해를 훔쳐 오도록 분부하였습니다.

개는 해를 찾아가서 남이 안 보는 틈을 보아 덥석 입으로 물었습니다. 그러나 해는 너무 뜨거워서 바로 토해 버렸습니다. 개는 입만 댔다 놓았다 하다가, 하는 수 없이 되돌아올 수밖에 없었습니다.

그 사정을 들은 임금님은 이번에는 뜨겁지 않은 달을 훔쳐 오기로 했습니다. 달은 빛이 흐리므로 해처럼 뜨겁지 않을 것이니 물고 오기 쉬울 것으로 믿었습니다. 임금님은 다른 개를 시켜 달을 훔쳐 오도록 분부하였습니다.

그 개는 달을 찾아가서 입으로 덥석 물었습니다. 그러나 달은 어찌나 차든지 이빨이 시리어 그만 토해 버렸습니다. 몇 번이고 시도했으나 그때마다 실패하고 말았습니다.

어두운 나라의 임금님은 지금도 개를 보내 해와 달을 훔쳐 오려는 시도를 계속하고 있습니다. 개가 해를 물었을 때에 지상에서는 일식日蝕이 되고, 달을 물었을 때는 월식月蝕이 된다고 합니다.

같이 \* 가치

이 민담이 비과학적이라고요? 하지만 그렇게 생각해서는 안 됩니다. 예술과 과학은 다 객관적 현실을 반영하는 사회적 의식 형태의 하나라는 점에서는 같지만, 현실을 반영하는 방법에서는 서로 다릅니다. 과학은 개념과 논리의 형식으로 현실을 반영하지만, 예술은 구체적인 현실을 감성적인 방법으로 반영합니다. 이 이야기가 비록 비과학적이지만 말이 안 되는 것은 아니지요?

이야기 하나 더 할까요? 어떤 물리 선생님이 학생들에게 찬 것과 더운 것의 특징을 말해 보라고 하자, 한 학생이 대답하였습니다. "사물은 열을 받으면 팽창하고, 차가워지면 수축합니다." 예를 하나 들어 보라는 말에 그 학생은 이렇게 답변하였습니다. "여름에는 낮이 길고, 겨울에는 낮이 짧습니다."

*Story doing*

의사들이 그럽니다. '서양 의술'은 학문이고 '동양 의술'은 학문이 아니라고요. 이러한 '자기 부정'에는 어떤 생각이 똬리를 틀고 있을까요?

## 보고서를 서명할 때
## 훨씬 더 많은 용기가 필요했습니다.

18세기 프랑스 혁명이 끝난 뒤, 공포 정치 기간에 벌어진 일입니다. 공화국 정부는 정적들을 처형하기 위해 음모를 꾸몄습니다. 그래서 급진적인 자코뱅 당의 지도자인 로베스피에르 Maximilien Robespierre 는, 누군가 병사들을 살해하려는 음모를 꾸미고 있다는 사실이 발각되었다고 공안위원회에 통보했습니다. 일선으로 떠나려는 병사들에게 기운을 차리게 하기 위하여 주는 브랜디에 누군가 독을 넣었다는 것입니다.

공안위원회는 곧 범인으로 지목된 사람들을 체포하라고 명령했습니다. 그들은 모두 로베스피에르가 숙청하려고 벼르던 사람들이었습니다. 그는 재판에 필요한 증거인 그 브랜디를 베르톨레 C. L. Berthollet 한테 보내 분석을 의뢰하였습니다. 베르톨레는 로베스피에르가 자신의 정적을 제거하기 위해 자신의 거짓 증언을 구하고 있다는 것을 알았습니다.

그는 분석을 마치고 공화국 지도자들에게 그 결과를 간단하게 보고하였습니다. 브랜디에는 유독한 것이 전혀 포함되어 있지 않고, 다만 브랜디에는 작은 알맹이가 들어 탁하게 보이나 이는 제거할 수 있다고 하였습니다.

공안위원회는 베르톨레를 호출하여 분석이 부정확하다는 사실을 인정하고 보고서를 다시 쓰도록 명령하였습니다. 그러나 그는 자신의 의견을 절대로 바꾸려 하지 않았습니다. 이를 보고 로베스피에르가 소리쳤습니다. "당신은 그 브랜디가 독이 없다고 어떻게 장담할 수 있는가?" 이에 베르톨레는 그의 앞에서 브랜디 한 컵을 쭉 들이켰습니다.

이를 본 공안위원회 의장이 "당신은 정말로 용기 있는 사람이오. 그 술을 마실 수 있다니."라고 말했습니다. 그랬더니 베르톨레가 이렇게 대답했습니다. "내게는 저 보고서를 서명할 때 훨씬 더 많은 용기가 필요했습니다."

### 같이 * 가치

철학자 디오게네스 Diogenes 가 콩꼬투리를 저녁 식사 삼아 먹고 있었습니다. 왕에게 아첨하며 안락하게 사는 철학자 아리스티포스 Aristippos 가 이 모습을 보았습니다. "왕의 말을 듣기만 하면 그 따위 형편없는 걸 먹고 살지 않아도 되련만." 그러자 디오게네스가 대답했습니다. "콩꼬투리를 먹고 살 줄 알면, 왕에게 아첨 떨지 않아도 되련만."

'진리'란 그것이 권력에 의해 허락받을 수 있느냐 없느냐에 달려 있지 않고, 그것이 옳으냐 그르냐에 달려 있습니다. 오늘날 그 권력은 '자본'의 이름으로 우리 앞에 이미 다가와 있습니다.

### Story*doing

'농단'은 높은 자리를 차지하여 이익이나 권력을 독점하는 것을 이르는 말이지요. '국정 농단', '사법 농단'의 뒤에는 '영혼 없는 공무원'이 있다던데, 반드시 그런 것만은 아닙니다. '그분들'을 찾아서 자기 생각을 말해 보세요.

## 원숭이의 자손이냐, 인간의 자손이냐?

1859년 다윈 Charles R. Darwin 은 저 유명한 『종의 기원』이란 책을 펴냅니다. 이에 대해, 사람들은 한편에서는 찬사와 존경을 표하였고 다른 한편에서는 적의와 경멸을 표하였습니다. 왜냐하면, 이 책이 출판될 당시만 해도 대부분의 지식인들은 종의 불변을 믿고 있었기 때문입니다. 즉, 현재의 동식물들은 천지 창조 이후로 전혀 변하지 않았고, 또 모든 동물의 종이 하나하나 따로 창조되었다는 성경의 기록을 그대로 받아들이고 있었습니다. 그래서 어떤 사람은 다윈이 "아담과 이브를 한 쌍의 침팬지로 바꾸어 놓았다."라고 흥분했습니다.

사실, 다윈은 인간과 원숭이가 먼 옛날 공통의 조상을 갖고 있다고 주장했습니다. 그는 공통의 조상으로부터 태어난 자손 중, 어떤 것은 원숭이를 만들어 낼 수 있는 변이를 이어받았고, 다른 것은 이것과 다른 변이를 하였다고 말했습니다. 그 변이가 천천히 원숭이와 전혀 다른 종류의 생물을 만들어 냈고, 결국은 최고의 형태인 인간에 도달했다는 것입니다.

1860년 영국 옥스퍼드에서 영국 과학 진흥 협회의 회의가 열렸습니다. 사람들은 이 회의에서 옥스퍼드의 감독 윌버포스 Samuel Wilberforce 가 다윈을 분쇄粉碎, 여지없이 공격하여 무찌름 하러 나온다는 소문을 듣고 구름같이 몰렸습니다. 윌버포스는 다윈의 진화론을 믿고 있는 헉슬리 Thomas H. Huxley 를 향하여 이렇게 쏘아붙였습니다. "당신은 원숭이가 친척이라고 하는데, 당신의 할아버지 쪽이 그런가요, 아니면 할머니 쪽이 그런가요?" 이에 대하여 헉슬리는 이렇게 대답했습니다. "당신 같은 인간을 보니, 원숭이의 자손이냐 인간의 자손이냐를 선택하라면 나는 주저할 수밖에 없습니다."

### 같이 * 가치

과학이 사실의 문제를 다룬다면 종교는 가치의 문제를 다룹니다. 과학이 자연 현상을 연구하고 서술하는 학문의 영역이라면, 종교는 인간이 추구해야 할 목표와 행동 기준, 그리고 그에 따르는 가치 판단을 제공하는 신앙의 영역입니다. 과학이 방법을, 종교가 목표를 제시해 주는 데서도 알 수 있듯이 양자는 상호 보완적인 관계를 유지해야 합니다.

이러한 생각을 아인슈타인 Albert Einstein 은 "종교 없는 과학은 무력하고, 과학 없는 종교는 눈먼 것이다."라는 말로 대변했습니다. 아무리 과학이 발전해도 삶의 종교적 측면은 여전히 존재합니다. 삶과 죽음의 문제, 선한 삶에 대한 동경, 그리고 미래에 대한 소망 등이 그것입니다. 따라서 과학이 종교까지 대체하려는 시도나 종교가 과학을 지배하려는 시도는 둘 다 물리쳐야 합니다.

### Story*doing

창조를 과학적으로 해석하려는 시도는 괜찮지만,
창조를 과학으로 강요하려는 시도는 잘못입니다.
어떻게 생각하세요?

## 공화국은
## 그런 과학자가 필요하지 않다.

1789년 프랑스에서는 봉건적 신분제와 영주제를 타파하고 모든 국민이 자유와 평등을 누리기 위한 시민 혁명이 일어났습니다. 비록 혁명이 부르주아적이긴 하였으나 여기에는 기층 민중인 농민이 가세하였는데, 그들의 울분은 참으로 컸습니다. 혁명이 일어나기 전에 소수의 귀족과 성직자만이 온갖 특권을 누렸고, 전 국민의 90퍼센트가 넘는 평민은 과도한 납세 등 갖가지 부담에 시달리고 있었기 때문입니다.

혁명은 이러한 부조리를 지나치지 않았습니다. 여론은 '흡혈귀들'의 체포를 요구하였습니다. 이러한 여론에 따라 국민 의회는 세금 징수인들을 잡아들이라고 명령했는데, 그들은 체포되자마자 대부분 사형을 당하였습니다. 그런데 체포된 징수인 가운데 그 유명한 과학자 라브아지에 A. L. Lavoisier 가 포함되어 있었습니다.

이러한 사정을 알게 된 과학자들은 그의 구명을 위해 노력하였습니다. 그가 이룩한 업적을 들거나, 최근 그가 실험하고 있던 연구의 중요성을 들기도 하면서 말입니다. 라브아지에를 살리기 위해서 수학자 라그랑주 J.L. Lagrange 도 "그의 머리를 베어 버리기에는 일순간으로 족하나, 그와 같은 머리를 또 하나 만들기 위해서는 백년 이상이 걸려도 불가능할 것입니다." 하며 탄원하였습니다.

그러나 그의 목숨은 단 하루도 연장되지 않았습니다. 혁명 후 공포 정치의 상황에서는 그러한 탄원이 먹혀들지 않았습니다. 당시 수석 재판관인 코피나르의 눈빛은 차갑게 빛나고 있었습니다. 그의 다음과 같은 짤막한 말은 과학자의 간담을 서늘하게 하였습니다. "공화국은 그런 과학자가 필요하지 않다."

### 같이 * 가치

일상적인 삶에서 개인이 실수하여 남에게 피해를 입혔을 경우, 그는 도덕적인 책임과 함께 법적인 책임을 져야 합니다. 하물며 그 잘못이 범속한 개인이 아니고 알 만큼 아는 지식인이 저지른 것이라면 더욱 엄중한 책임을 물어야 할 것입니다. 정치적 배신행위가 자기 영역의 탁월함으로 치유될 수는 없는 까닭이 여기에 있습니다.

일제강점기에 이광수 李光洙, 1892~1950 는 진저리칠 만큼 친일 행위를 많이 했는데, 그의 문학적 성과(?)로 매국 행위를 덮으려는 사람이 있습니다. 수십 권의 저서를 친일 매국 행위와 함께 남긴 최남선 崔南善, 1890~1957 과, 빈약한(?) 저서를 고통에 찬 삶의 빛남과 함께 남긴 신채호 申采浩, 1880~1936 를 나란히 두고 바라볼 수 없는데도 말입니다.

### Story*doing

2차 대전이 끝나고 프랑스는 많은 언론인을 처형했습니다. 그러자 '그들'이 항변했습니다. "나는 아무 일도 하지 않았다."라고요. 이 말에 드골은 "바로 그것이 죄다."라고 말했습니다. 우리는 '그들'에게 무엇이라고 했습니까?

## 그것은 조금 전 타고 왔던
## 바로 그 말이었습니다.

옛날 아라비아의 상인이 임종을 맞게 되었습니다. 그는 세 아들을 불러 앉히고 유언을 하였습니다. "내가 너희에게 남겨 줄 유산은 말 열일곱 마리이다. 맏아들 너는 전체의 반을, 둘째아들 너는 3분의 1을, 그리고 막내아들 너는 9분의 1을 갖도록 하여라." 얼마 후 아버지는 세상을 떠났습니다.

하지만 유산 분배를 놓고 형제 사이에는 싸움이 오래 계속되었습니다. 맏아들은 열일곱의 반으로 아홉 마리를 주장했습니다. 그러나 동생들은 아홉 마리는 2분의 1이 넘으니까 줄 수 없다고 했습니다. 둘째아들은 여섯 마리를 가져야 한다고 고집을 부렸습니다. 그러나 형과 막내는 다섯 마리밖에 줄 수가 없다고 했습니다. 막내아들은 두 마리를 가져야겠다고 하였습니다. 그러나 형들은 두 마리는 9분의 1이 넘으므로 안 된다고 하였습니다.

어느 날 이들 집에 랍비가 찾아왔습니다. 모든 이야기를 듣고 난 랍비는 이런 제안을 했습니다. "내가 타고 온 말 한 마리를 당신들에게 드리겠소. 그러면 열여덟 마리가 될 것이오. 맏형은 2분의 1인 아홉 마리를 가지시오. 둘째는 3분의 1에 해당하는 여섯 마리를 가지시오. 그리고 막내는 9분의 1에 해당하는 두 마리를 가지시오. 그렇게 되면 모두가 아버지가 말씀하신 유산보다 많은 것을 가지게 될 것이오." 세 아들은 좋다고 했습니다. 그러고서 랍비 말대로 자기 몫의 말들을 가지고 갔습니다.

일을 끝낸 랍비는 다시 길을 떠나야겠다며 대문을 나섰습니다. 바로 그때였습니다. 큰아들이 뒤따라 나오면서 말했습니다. "랍비님, 말을 타고 오셨다가 어떻게 이 사막 길을 걸어가실 수 있겠습니까? 외양간에 가 보니까 아직도 말 한 마리가 남아 있습니다. 우리가 차지할 것은 다 차지했는데도 한 마리가 남아 있으니 이 말을 타고 가십시오." 이에 랍비는, "그렇습니까? 나에게 말을 주신다면 타고 가겠습니다." 하고 유유히 말을 타고 떠났습니다. 알고 보니 그것은 조금 전 랍비가 타고 왔던 바로 그 말이었습니다.

## 같이 * 가치

랍비는 '$\frac{1}{2} + \frac{1}{3} + \frac{1}{9} = \frac{17}{18}$'이라는 계산을 먼저 했습니다. 그래서 말 한 마리를 보태 18마리를 만든 후 그것의 $\frac{1}{2}$, $\frac{1}{3}$, $\frac{1}{9}$을 나누어 주어도 1마리가 남는다는 점을 알고 있었습니다. 이렇게 보면, 랍비는 인간적 지혜뿐만 아니라 수학적 지식까지 겸비한 분입니다.

총론總論, 어떤 분야의 일반적 이론 따위를 총괄하여 논함도 필요하지만 각론各論, 하나의 주제 가운데 구체적인 낱낱의 문제를 떼어 자세히 논함이 더욱 필요한 시대에 우리는 살고 있습니다.

### Story*doing

"신은 디테일에 있다."라는 말도 있지만, "악마는 디테일에 있다."라는 말도 있습니다. 성공도 실패도, '디테일'에 있다는 말, 어떻게 생각하십니까?

## 먼저 고놈을
## 사 먹었어야 했는데.

나그네 한 사람이 온종일 길을 걷다 보니 몹시 배가 고팠습니다. 그리하여 호떡 장수에게서 호떡을 한 개 사 먹었습니다. 그런데 먹고 보니 간에 기별도 가지 않아, 한 개 더 사 먹었지만 역시 마찬가지였습니다. 그래서 또 한 개를 더 사 먹었지만 그래도 시장기가 가시지 않았습니다.

이렇게 한 개 또 한 개, 그리하여 모두 여섯 개를 먹었지만 아직도 배가 부르지 않았습니다. 그래서 또 한 개 사서 먹기 시작했습니다. 그런데 어찌 된 영문인지 이번의 호떡은 반쪽만 먹어도 벌써 배가 불렀습니다.

나그네는 몹시 후회가 되어 제 뺨을 후려갈기면서 자책하였습니다.

"젠장! 이렇게 아낄 줄 모르고 어떻게 살아 나간담! 먼저 사 먹은 호떡 여섯 개 값은 헛되이 날려 버렸어! 반 개만 먹어도 배부를 줄 알았더라면 먼저 고놈을 사 먹었어야 했는데."

이 이야기에서 우리는 변증법의 3대 법칙 가운데 하나인 '양질전화量質轉化의 법칙'을 찾아낼 수 있습니다. 양질전화의 법칙이란, 양적인 변화가 질적인 변화를 초래하고, 질적인 변화는 양적인 변화를 제약한다는 것입니다.

너무 어렵다고요? 쉽게 생각해 봅시다. 액체 상태인 물에 열을 가해도, 가하는 열의 양이 섭씨 100도에 도달하지 않으면 그냥 액체 상태로 있습니다. 하지만 가하는 열의 양이 점점 많아져 온도가 드디어 100도에 이르면, 액체 상태였던 물은 갑자기 기체로 질적인 변화를 겪게 됩니다.

이 이야기도 똑같습니다. 이야기 속의 호떡 여섯 개는 양적인 변화이고 호떡 반쪽은 질적인 변화를 가능하게 하는 마지막 호떡으로서, 이를 통해 배부름이라는 질적인 변화가 갑자기 이루어진 것입니다. "성장은 점차로 이루어지지만 깨달음은 순간적인 것"이라는 생각이 난다고요? 그러면 이 말을 온전히 알게 되었다는 뜻입니다.

그런데도 세상은 어디 그렇습니까? 아이 자라 어른 되듯, 봄이 가야 여름이 오고 가을이 지나야 겨울이 오는 법인데, 사람들은 왜 봄에 여름을 찾고 가을을 건너 뛴 채 겨울을 찾는지 모르겠습니다. 흙이 산은 아니지만 흙이 쌓여 산을 이루고, 물이 못은 아니지만 물이 고여 못을 이루는데, 왜 사람들은 우물에서 숭늉을 찾는지 모르겠습니다.

*Story\*doing*

'고등학교 3년'을 보내면 어느 날 갑자기 '대학교 1년'이 됩니다.
양질전화라는 말이 실감이 날 정도로 많은 것이 달라집니다.
그런데 '생각'에도 양질전화가 있지 않을까요?
'번데기' 같던 생각이 '나비'가 되어 날기도 하니까요. 그런 경험이 있나요?

## 어째서 내 나뭇짐이
## 더 작단 말인가?

산에 가서 도끼로 나무를 찍어다가 파는 두 사람의 나무꾼이 있었습니다.

그중 한 사람은 승부욕이 강해서 친구에게 지지 않으려고 새벽부터 해 질 녘까지 잠시도 쉬지 않고 땀을 뻘뻘 흘리며 나무를 찍었습니다. 그러나 다른 한 사람은 달랐습니다. 그는 한 시간쯤 일하고는 번번이 쉬기라도 하는지 한참씩 도끼 소리가 들리지 않았습니다.

이윽고 날이 어두워 산을 내려가다 만난 두 사람은 각기 서로의 나뭇짐을 바라보며 비교해 보았습니다. 그런데 이게 웬일입니까? 중간 중간 쉬면서 일한 사람의 나뭇짐이 더 컸던 것입니다. 틀림없이 이긴 것으로 자부했다가 지게 된 사람이 낭패한 얼굴로 물었습니다.

"나는 잠시도 쉬지 않고 일했는데 어째서 내 나뭇짐이 더 작단 말인가?"

그러자 이긴 사람이 덤덤한 얼굴로 대답했습니다.

"나는 잠깐씩 쉴 때마다 숫돌에 도끼날을 갈면서 기운을 회복했네. 그러고서 나무를 찍었으니 자네보다 많을 수밖에!"

같이 * 가치

　　노동도 인생도 다 마찬가지입니다. 좀 차분하게 음악으로 '명상의 자리'를 옮겨 볼까요? 정말이지, 음악의 휴지기에는 아무 소리도 들리지 않습니다. 그래서 사람들은 쉼표에는 음악이 없다고 하지만, 아닙니다. 쉼표도 음악의 한 부분입니다. 음악가들은 쉼표를 소리가 없을 뿐, 음표의 하나로 생각합니다. 따라서 음표 사이에 있는 쉼표에 어긋나는 부분이 없어야 음악이 제대로 어우러집니다.

　　우리의 인생 곡조 중에도 휴식 때문에 음악이 끊어지는 경우가 종종 있습니다. 그런데 우리는 바보같이 음악이 끝났다고 생각하고서, 삶의 자리에서 벌떡 일어나는 경우가 있습니다. 수포로 돌아갈 계획과 헛수고가 될 노력을 막기 위해 신은 여러 가지 방법으로 우리에게 강제적인 휴식을 주기도 하고, 육신의 질병을 통해 우리 생명의 합창곡에 갑작스러운 정지 신호를 보내기도 합니다.

　　인간의 삶은 마치 작곡가가 만들어 놓은 음악의 멜로디와 같아서, 신의 섭리 아래 이미 계획된 것인지도 모릅니다. 따라서 곡조 전체를 올바르게 바라보는 눈을 가지고, 쉼표가 나오더라도 당황해서는 안 됩니다. 우리는 쉬지 않고 너무 이어서 연주해도 안 되고, 너무 오랫동안 쉬어도 안 되며, 가락을 제멋대로 파괴해도 안 되고, 주제부를 마음대로 바꾸어도 안 됩니다.

*Story＊doing*

　　일과 놀이, 노동과 휴식, 긴장과 이완, 음표와 쉼표.
　　이 둘은 어떠할 때 '건강한 관계'를 유지할 수 있을까요?

## 염소가 턱수염을 기른다고 해서 선생이 되더냐?

스승은 깨친 후에 검소하게 살기 시작했습니다. 소박한 생활이 그의 본성에 맞는다는 것을 깨달았기 때문입니다.

그는 제자들이 자기를 본떠서 소박하게 살기로 작정한 것을 보고서 껄껄 웃으며 말했습니다.

"나의 동기와는 관계없이 내 행동만을 본떠서 무슨 소용이 있겠느냐? 그렇게 행동하게 된 참된 깨달음이 없이, 행동 자체만을 본떠서 도대체 무슨 소용이 있겠는가 말이다."

그렇게 말하고서 한마디를 덧붙였습니다.

"염소가 턱수염을 기른다고 해서 선생이 되더냐?"

같이 * 가치

비슷한 이야기가 있습니다. 옛날 가슴이 아파서 얼굴을 찡그린 미녀 서시 西施 가 가슴을 그러안고 길을 걸었는데 그 모양이 한결 더 아름다웠습니다. 해서 이웃집의 못생긴 여인―뒷날 사람들은 그를 동시 東施 라고 불렀습니다―이 그것을 보고서 아주 아름답다고 생각하여 그 모양을 본떴는데, 더욱 미워 보였습니다. 아름다움

> 같이 * 가치

노동도 인생도 다 마찬가지입니다. 좀 차분하게 음악으로 '명상의 자리'를 옮겨 볼까요? 정말이지, 음악의 휴지기에는 아무 소리도 들리지 않습니다. 그래서 사람들은 쉼표에는 음악이 없다고 하지만, 아닙니다. 쉼표도 음악의 한 부분입니다. 음악가들은 쉼표를 소리가 없을 뿐, 음표의 하나로 생각합니다. 따라서 음표 사이에 있는 쉼표에 어긋나는 부분이 없어야 음악이 제대로 어우러집니다.

우리의 인생 곡조 중에도 휴식 때문에 음악이 끊어지는 경우가 종종 있습니다. 그런데 우리는 바보같이 음악이 끝났다고 생각하고서, 삶의 자리에서 벌떡 일어나는 경우가 있습니다. 수포로 돌아갈 계획과 헛수고가 될 노력을 막기 위해 신은 여러 가지 방법으로 우리에게 강제적인 휴식을 주기도 하고, 육신의 질병을 통해 우리 생명의 합창곡에 갑작스러운 정지 신호를 보내기도 합니다.

인간의 삶은 마치 작곡가가 만들어 놓은 음악의 멜로디와 같아서, 신의 섭리 아래 이미 계획된 것인지도 모릅니다. 따라서 곡조 전체를 올바르게 바라보는 눈을 가지고, 쉼표가 나오더라도 당황해서는 안 됩니다. 우리는 쉬지 않고 너무 이어서 연주해도 안 되고, 너무 오랫동안 쉬어도 안 되며, 가락을 제멋대로 파괴해도 안 되고, 주제부를 마음대로 바꾸어도 안 됩니다.

*Story doing*

일과 놀이, 노동과 휴식, 긴장과 이완, 음표와 쉼표.
이 둘은 어떠할 때 '건강한 관계'를 유지할 수 있을까요?

## 염소가 턱수염을 기른다고 해서 선생이 되더냐?

스승은 깨친 후에 검소하게 살기 시작했습니다. 소박한 생활이 그의 본성에 맞는다는 것을 깨달았기 때문입니다.

그는 제자들이 자기를 본떠서 소박하게 살기로 작정한 것을 보고서 껄껄 웃으며 말했습니다.

"나의 동기와는 관계없이 내 행동만을 본떠서 무슨 소용이 있겠느냐? 그렇게 행동하게 된 참된 깨달음이 없이, 행동 자체만을 본떠서 도대체 무슨 소용이 있겠는가 말이다."

그렇게 말하고서 한마디를 덧붙였습니다.

"염소가 턱수염을 기른다고 해서 선생이 되더냐?"

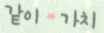

비슷한 이야기가 있습니다. 옛날 가슴이 아파서 얼굴을 찡그린 미녀 서시 西施 가 가슴을 그러안고 길을 걸었는데 그 모양이 한결 더 아름다웠습니다. 해서 이웃집의 못생긴 여인―뒷날 사람들은 그를 동시 東施 라고 불렀습니다―이 그것을 보고서 아주 아름답다고 생각하여 그 모양을 본떴는데, 더욱 미워 보였습니다. 아름다움은 내용과 형식의 통일인데, 내용을 떠나 단순히 형식만을 모방한다면 필연적으로 일을 그르쳐 전혀 상반되는 결과를 가져오게 되기 때문입니다.

생각을 좀 더 깊이 가져가 볼까요? 예술에서는 이 내용과 형식을 놓고 오랫동안 서로 다른 의견이 맞서 왔습니다. 하지만, 내용만을 강조하는 내용주의는 '인생을 위한 예술'이라는 구호 아래 구체적 사실만 중시하고 예술성을 무시함으로써 비예술이 되기 쉽고, 형식만을 강조하는 형식주의는 독자성과 자율성을 지나치게 강조하다 '예술을 위한 예술'에 이르게 되어 사람의 삶을 파괴할 수도 있습니다.

그래서 우리는 칸트의 명제 형식을 빌려 이렇게 말해야 합니다. 예술에서 "내용 없는 형식은 공허하고 형식 없는 내용은 맹목"이라고 말입니다. 이처럼 예술에서 내용은 형식과 분리될 수 없습니다. 예술적 내용은 예술적 형식으로 지양되고, 예술적 형식은 다시 예술적 내용으로 수렴됩니다. 형식과 내용은 서로 떨어질 수 있는 것도 아니며, 서로 대립하는 것도 아닙니다. 예술적 형식은 예술 작품의 내용에서 파악되고, 예술적 내용은 예술 작품의 형식을 통해서만 볼 수 있기 때문입니다.

*Story doing*

어떤 상품을 구매하면 남들보다 우월한 존재가 될 수 있다고 광고는 말합니다. 한때 유행했던 "요즘 어떻게 지내느냐는 친구의 말에 ○○○로 대답했습니다."는 광고 카피는 이를 정확하게 보여 줍니다. ○○○를 탄다는 사실로써 "삶이 성공적이다"라고 말할 수 있을까요?

## 우선
## 몸과 마음을 깨끗이 합니다.

노나라에 재경이라는 목수가 살고 있었습니다. 재경이 나무를 깎아 거문고를 만들자, 사람들은 그것을 보고 감탄했습니다.

"참으로 귀신같은 솜씨로군. 저렇게 훌륭한 거문고는 아무도 만들 수 없을 거야."

이 소문이 노나라 임금의 귀에까지 들어갔습니다.

임금이 재경을 불러 물었습니다.

"그대가 만든 거문고는 과연 놀랍도다. 그대는 무슨 기술로 이렇게 훌륭한 악기를 만들었는가?"

잠시 머뭇거리다, 재경이 공손하게 대답했습니다.

"저는 그저 평범한 목수에 지나지 않은데, 무슨 특별한 기술이 있겠습니까? 그렇지만 한 가지는 말씀드릴 수 있습니다. 저는 악기를 만들려고 할 때, 우선 마음과 몸을 깨끗이 합니다. 사흘을 그렇게 하고 나면, 상을 받는다거나 벼슬을 한다거나 하는 생각은 하지 않게 됩니다. 그리고 다시 닷새를 그렇게 하고 나면, 세상 사람들의 비난이나 칭찬 따위에 마음 쓰지 않게 됩니다. 이레가 되면 세상의 아무것도 저의 마음을 어지럽히지 않게 되고, 오로지 악기 만드는 일에만 생각이 집중됩니다. 그때야 비로소 산으로 가서 나무의 성질이나 모습이 자연스럽고 좋은 것을 골라 악기를 만듭니다. 제가 만드는 악기가 사람들을 놀라게 하는 것은 바로 이러한 까닭에서입니다."

### 같이 * 가치

베토벤 Ludwig van Beethoven 의 「열정 소나타」를 듣고 감동하지 않는 사람은 아무도 없을 것입니다. 그의 음악에는, 죽음의 절망을 딛고 피워 올린 삶에 대한 순수한 열정이 아름다운 선율로 흐르고 있기 때문입니다. 절망에서 투쟁으로, 투쟁에서 평온함으로, 평온함에서 승리와 환희로의 발전! 바로 이것이 「열정 소나타」에 담겨 있는 서사적 주제입니다.

신은 베토벤에게 그렇게 관대하지 않았습니다. 20대 후반에 자신의 청각에 문제가 생긴 것을 안 그는 절망한 나머지 유서까지 작성하지만, 예술을 향한 순수한 열정 하나로 파멸의 늪을 헤쳐 나옵니다. 훗날 그는 "나는 모든 방해물을 딛고 일어서기로 결심했다. 나는 그 누구와도 싸울 자신이 있다. 나는 운명의 목을 조르겠다. 다시는 결코 운명이 나를 정복하지 못하도록 만들겠다. 오, 살아 있다는 것은 얼마나 아름다운 일인가!"라고 적고 있습니다.

목수 재경의 순수한 열정을 우리는 베토벤에서 다시 봅니다.

### Story*doing

예술을 가리켜 '무목적의 목적'이라고 합니다.
굳이 예술의 '목적'을 찾는다면 사람 자체, 생명 자체가 목적이라고 할 수 있겠지요.
오늘날 '예술의 무목적성'이 심하게 흔들리고 있는데, 그 까닭은 무엇일까요?

## 왜 너는
## 말을 하지 않느냐?

    미켈란젤로 Michelangelo Buonarroti 가 예술사에서 얼마나 중요한 비중을 차지하고 있는가는 누구나 아는 사실입니다. 정말이지, 그는 어느 시대의 그 어떤 예술가보다 탁월한 능력을 지니고 있었습니다. 그의 작품 가운데 특히「모세 상」은 수백 년이 지난 지금까지도 인류의 심금을 울리고 있는 걸작입니다.

    그런데 미켈란젤로 자신은 이 작품에 결코 만족해하지 않았습니다. 「모세 상」이 완성되었을 때의 일입니다. 미켈란젤로는 완성된 그의 작품을 물끄러미 바라보더니, 갑자기 화가 난 그는 끌로 「모세 상」의 발등을 부수면서 울부짖었습니다. "왜 너는 말을 하지 않느냐?" 이는 차가운 대리석에 생명력을 불어넣으려는 그의 열정 때문이었습니다.

    오늘날 우리는 미켈란젤로의 「모세 상」 발등 위에 난 좁고도 긴 흠을 볼 수 있습니다. 이 흠이야말로, 인간이란 꿈을 완성시킬 수 없는 한계를 가진 존재이자, 그럼에도 불구하고 꿈을 추구하여 그 한계를 극복해 가는 열정적인 존재라는 점을 상징하고 있습니다. 자기만족에 도취하여 잠들어 버리지 않고 스스로에게 끊임없이 채찍을 가한 미켈란젤로에게서 우리는 예술가의 열정과 인간의 이상을 동시에 만날 수 있습니다.

같이・가치

열정의 끝이 허무일 수도 있습니다. 그것이 열정이 아닌, 어떤 다른 것이라 할지라도 인간이 가질 수 없는 '영원'이라는 관점으로 비추어 보면 허무하지 않은 것은 없습니다. 이처럼 인생의 모든 것은 허무하지만, 허무를 극복하려는 열정이 있기에 인생은 아름답습니다.

인간에게는 시간적 제약이 있습니다. 길어야 백 년이 주어져 있을 뿐입니다. 하지만 자신의 영혼과 육체를 아낌없이 불태우는 열정은, 미켈란젤로의「모세 상」이 보여 주듯, 인간으로 하여금 시간적 제약을 뛰어넘어 영원한 아름다움으로 나아가게 합니다.

열정의 순간에 그 끝을 미리 계산한다면 어디 그것이 참다운 열정이겠습니까? 수치적 계산이 없는 무조건적인 열정이 아름다운 까닭은, 그것이 때 묻지 않은 순수함에서 비롯되었기 때문이고, 그것이 유한한 존재인 인간을 영원으로 이어지게 하는 유일한 길이기 때문입니다.

삶은 결과가 아니라 과정입니다. 삶은 어딘가를 향해 나아가는 것이지 그곳까지 갈 수 있는 것은 아니라는 말입니다. 늘 부족해하고 늘 목말라하고 늘 아쉬워하는 삶이 우리를 영원으로 이끌어 갑니다. "그 너머에 더 있습니다."

*Story\*doing*

예술가는 배가 고파야 한다고 합니다.
예술이 권력에 무릎을 꿇지 말라는 의미라면 모를까, 아닙니다.
예술가에게 열정만을 바라는 것은 야만이거나 기만입니다.
예술가에게 '기본 소득'을 허락하자는 주장에 대해 어떻게 생각하십니까?

## 이아고를
## 권총으로 쏘아 죽여 버렸습니다.

　뉴욕에서 셰익스피어 William Shakespeare 의 유명한 극 「오셀로」를 공연했을 때의 일입니다. 미국의 명배우 윌리엄 바즈는 뛰어난 연기로 자기가 맡은 배역 이아고의 비루하고도 염치없는 성격을 아주 생동감 있게 표현하였습니다. 그래서 관중들은 그를 몹시 증오하였습니다.

　마침, 무대에서는 오셀로가 이아고의 간계에 넘어가 데스데모나를 교살하는 장면이 연출되고 있었습니다. 이것을 본 관중석의 한 군인이 너무도 격분한 나머지, 무대 위에 그때 막 등장하는 이아고를 권총으로 쏘아 죽여 버렸습니다. 극장은 갑자기 일대 혼란에 빠졌습니다. 그제야 연극이란 것을 깨달은 군인은 몹시 후회하다가 그 자리에서 자살하고 맙니다.

　이 사실은 온 뉴욕 시를 떠들썩하게 하였습니다. 나중에 시민들은 연극 예술의 이 두 희생자를 한데 합장하고, 무덤 앞에다가 "가장 이상적인 배우와 가장 이상적인 관객"이란 비문을 새긴 묘비를 만들어 세웠습니다.

　연극의 무대에는 제4의 벽 The forth wall 이 있습니다. 이 벽은 일반적인 극장 구조인 삼 면의 공간 이외에 무대와 객석 사이의 투명한 벽을 가리킵니다. 물론 이 벽은 실재하지 않는 상상 속의 벽입니다. 관객들은 이 벽을 통하여 무대 안쪽에서 벌어지는 배우들의 연기를 바라보며 그들이 보여 주는 환상의 세계에 빠져듭니다. 그리고 배우들은 관객들이 마치 존재하지 않는 양 그 벽 안에서 자기들의 세계를 만들어 갑니다.

연극이 무대 위에 오르는 한 '제4의 벽'이 전제될 수밖에 없지만, 이 벽을 깨지 않고는 연극은 관객들에게 진한 감동을 줄 수 없습니다. '관객 따로 배우 따로' 돌아가는 연극에서 관객은, 단지 배우들의 연기를 팔짱 끼고 지켜보는 수동적인 관람 태도를 가질 수밖에 없기 때문입니다. 따라서 배우와 관객이 하나가 되기 위해서는 이 벽을 허물어야 합니다.

이 벽을 허무는 데 가장 중요한 역할을 하는 이가 바로 배우입니다. 연기를 '배우와 관객이 소통하는 과정'이라고 정의한다면, 배우는 무대 위에서 연기할 때 '어떻게 하면 관객들과 하나 될 수 있을까' 하는 질문에 온몸으로 대답해야 합니다. 그리하여 배우와 관객이 하나 될 때, 비로소 그 연극은 '당신과 나 사이에는 통하는 것이 있어' 하는 관객들의 가슴 떨림을 만들어 낼 수 있습니다. 그것이 곧 공명共鳴이고 공감共感입니다. 다만 그 공명이 '총성'으로 이어지지만 않는다면, 그것은 연극의 존재 이유이기도 합니다.

*Story∗doing*

남이 하는 일을 하릴없이 흉내 내는 것을 '비겁'이라고 한다면,
예술가야말로 평생 이 비겁과 싸우는 전사戰士인 것 같습니다.
그런 예술가를 만난 적이 있나요?

## 저기 있는
## 농부들을 그려 보시오.

　유명한 화가 도어가 유럽에서 이 나라 저 나라를 여행하던 중, 그만 여권을 잃어버렸습니다. 여권은 여행하는 사람에게는 없어서는 안 되는 가장 중요한 증명서인데, 이것이 없으니 도어는 참 난감해졌습니다.

　하루는 도어가 국경을 넘을 일이 생겼습니다. 검문소에 이르러 도어는 경관에게 말했습니다. "미안합니다만 여권을 잃어버렸는데, 국경을 통과시켜 줄 수 없겠습니까? 내가 할 수 있는 말은 내가 화가 도어라는 사실밖에 없습니다."

　경관이 대답했습니다. "우리를 속일 생각은 말아요. 많은 사람들이 유명한 사람을 들먹이며 국경을 통과하려 했지만 대부분이 거짓이었소." 그래도 도어는 또다시 간청하였습니다. 그만큼 도어는 다급한 사정이 있었습니다.

　그러자 한 경관이 이런 제안을 했습니다. "우리는 당신이 도어인지 아닌지 모릅니다. 이 종이와 연필을 갖고 저기 있는 농부를 그려 보시오. 만약 그 그림이 위대한 화가 도어의 솜씨라면, 당신을 도어라고 인정하겠소."

　그는 단 몇 분 만에 훌륭한 그림을 완성하였고, 도어임을 인정받은 그는 즉시 국경을 통과하였습니다.

같이*가치

립싱크Lip sync는 립 싱크로나이즈Lip synchronize의 약칭으로, 가수나 배우의 입술 움직임에 맞추어 노래나 대사의 발음과 억양을 조절해 녹음하는 일을 말합니다. 그런데 우리 가요계에서는 이 립싱크에 대한 논란이 끊이지 않고 있습니다. 특히, 댄스 가수들의 립싱크를 예술로 인정해야 하는지에 대한 논란이 심합니다.

최근 들어, 가수라는 직업에 가창력 이외에 엔터테이너의 능력이 요구되고 있음은 사실입니다. 더욱이 기획사의 마케팅 전략에 의해 라이브 가수보다는 그럴 듯한 외모에 현란한 춤이 조명을 받다 보니, 립싱크가 더욱 기승을 부리고 있습니다.

하지만 가수는 가수여야 합니다. 화려한 춤을 추는 가수보다는 무대 위에서 혼신의 힘을 다해 노래하는 가수에게 더 큰 박수를 보내는 까닭이 여기에 있습니다. 지리학자 발레리 줄레조 Valérie Gelézeau 는 서울의 아파트를 키치적키치(Kitsch), 조악한 모조품이라는 뜻 이라고 비판한 적이 있는데, 립싱크 가수에게서도 키치적이라는 느낌을 떨쳐 버릴 수 없습니다.

화가 도어의 이야기를 들으며 립싱크가 떠올라 몇 마디 적어 보았습니다.

*Story*doing*

판사는 판결로 말하고, 가수는 노래로 말하고, 배우는 연기로 말해야 합니다.
여러분은 무엇으로 '나의 나 됨'을 보여 주고 계시나요?

## 잘못된 것을 파괴하는 것이
## 가르치기보다 훨씬 힘듭니다.

위대한 작곡가이자 연주가인 모차르트 Wolfgang Amadeus Mozart 는 그를 찾아와 음악을 배우겠다는 사람들에게 항상 이러한 질문을 던지곤 했습니다.

"전에 음악을 배운 적이 있습니까?"

만일 배운 적이 있다고 대답하면, 모차르트는 수업료를 두 배로 청구하였습니다. 그런데 전혀 음악을 배운 적이 없다고 하면, "그럼 좋습니다. 수업료를 절반만 내십시오."라고 말하였습니다.

이것은 너무도 부당한 처사였기 때문에 사람들이 따져 물었습니다.

"음악을 전혀 모르는 사람이 오면 수업료를 절반만 내라고 하시고, 십 년 동안이나 음악을 공부한 사람이 오면 수업료를 두 배로 내라고 하시는데, 도대체 무슨 까닭입니까?"

이 말을 들은 모차르트가 정색을 하고 말했습니다.

"거기에는 이유가 있습니다. 음악을 배운 사람의 경우, 우선 나는 잘못 배운 찌꺼기를 거두어 내야 합니다. 이것은 매우 힘든 일입니다. 그 사람이 가지고 있는 잘못된 것을 파괴하는 것이 가르치기보다 훨씬 힘듭니다."

같이*가치

19세기 후반 인상파를 대표하는 프랑스 화가 클로드 모네 Claude Monet 는 똑같은 사물을 놓고 연작連作을 즐겨 그렸습니다. 예컨대, 「루앙 성당」 시리즈는 같은 성당 모습을 아침과 낮과 저녁, 그리고 맑은 날과 흐린 날에 반복해 그렸습니다. 하늘과 햇살 등 주변 환경의 변화에 따라 똑같은 구도의 성당이지만 느끼는 인상은 다를 수밖에 없었습니다.

현대 미술의 출발점이 된 인상파 화가들은 '발상의 전환'을 설명하는 대표적 사례로 꼽힙니다. 그들은 사물을 객관화하고 사실 묘사에 치중하던 기존의 화풍에서 벗어나, 화가 자신이 느끼는 감각에 충실하려고 노력하였습니다. 기존의 것을 '파괴'하지 않고 새로운 질서를 '창조'할 수 없다는 것을 알고 있던 그들은, 정통 화단의 혹평을 받으면서 이를 감내하였습니다.

최근 들어 '창조적 사고'에 대한 관심이 높아지는 것은 정보화 사회라는 시대적 흐름과 무관하지 않습니다. 경제학자 슘페터는 창조적 파괴 Creative destruction 를 역설하며 이를 "기존의 생활양식이 내부에 의해 파괴되고 새로운 것으로 대체되는 과정"이라고 설명했습니다. 모차르트도 아마, 들숨이 날숨을 전제로 하듯, 창조는 파괴를 전제로 한다는 사실을 잘 알고 있었을 것입니다.

옛것에 묶여 새것을 받아들이지 못하는 어리석음에 대해 생각해 봅시다.

*Story\*doing*

오랜 타성과의 결별은 생각처럼 쉬운 일이 아닙니다.
그런데 타성의 굴레를 깨부수는 데는 어떤 망치가 필요할까요?

## 장난으로
## 한번 해 본 것입니다.

런던에서 실제로 일어난 일입니다. 진 위긴스가 실수로 다섯 살 난 그의 딸이 그린 작품을 전문 예술가들의 작품 전시회에 출품하였습니다. 원래 그 그림은 어린이들의 경시 대회에 보내려고 한 것이었습니다.

그런데 뜻밖에도 「해 질 녘」이라고 제목이 붙은 이 그림은 비평가들로부터 '색채의 혼돈'이라는 말로 극찬을 받고, 공로상까지 받았습니다.

한편, 영국의 화가 제임스 노우블즈는 로얄 아카데미에 그림 두 편을 출품하였습니다. 하나는 그의 세밀한 화풍을 대표할 만한 것으로서 「차 시간을 위한 청어」라는 작품이었고, 다른 하나는 「은하수」라는 제목의 작품이었습니다.

그런데 「은하수」라는 작품을 그릴 때 노우블즈는 파란 캔버스 위에다 노랗고 하얀 물감을 30분 동안 아무렇게나 뿌렸을 뿐입니다. 그런데 결과는 놀라웠습니다. 로얄 아카데미는 「차 시간을 위한 청어」라는 작품은 탈락시키고 「은하수」에 최고상을 주었습니다.

나중에 노우블즈는 이렇게 고백했습니다.

"그것은 장난으로 한번 해 본 것입니다. 로얄 아카데미의 수준을 시험해 보고 싶었거든요."

## 같이 * 가치

도대체 이해할 수 없는 예술 작품을 보고 주눅이 든 적이 있습니까? "인간 내면의 심리를 자유로운 작가 혼의 발현으로 구체화시킨 당대 최고의 작품" 어쩌고 하지만, 도무지 알 수가 없어, 남들이 볼까 봐 고개조차 갸웃거리지 못한 경험이 있습니까?

모든 예술가들에게 영감은 참으로 중요합니다. 그러나 영감은 인간이 '세계'와 접촉하며 활동할 때 그것을 바탕으로 하여 생기는 것이지, '마음'으로부터 뚝딱 생겨나는 것은 아닙니다. 그 때문에 괴테 Johann Wolfgang von Goethe 는 "나에게 체험은 전체다. 현실이 나의 천재보다 더 천재적이라는 것을 믿게 한다."라고 말했습니다. 예술은 현실에 뿌리를 내리지 않으면 안 됩니다.

푸시킨 Aleksandr Pushkin 이 "나는 허구 위에서 뜨거운 눈물을 흘리겠다."라고 했을 때의 허구 또한, 말할 것도 없이 광범위한 인생 경험과 생활 체험을 바탕으로 해야 진실에 도달할 수 있다는 의미입니다. 예술을 이해하는 가장 좋은 길은, 삶의 진실이 없으면 진정한 예술이 있을 수 없다는 심미안 審美眼, 아름다움을 살펴 찾는 안목 을 마음에 두는 것입니다. 그러니 난해한 작품 앞에서 주눅 들지 맙시다. 문제는 내가 아니라 '그 작품'에 있을 수도 있기 때문입니다.

*Story* doing

고급 예술과 저급 예술은 따로 있을까요? 그러한 서열화는 허상이 아닐까요?
어떤 종류의 아름다움이든, 자신에게 감동을 준 것이,
그 사람에게 최고의 예술이 아닐까요?

## 강아지가 있는 자리에서는
## 연주할 수 없습니다.

　19세기 폴란드의 천재 음악가 비에니아우스키 Henryk Wieniawski 는 8살 때부터 음악에 뛰어난 재능을 보여 11살 때는 벌써 순회공연을 가질 정도가 되었습니다. 그가 러시아 황제 니콜라스 1세 황후의 초청을 받았을 때의 일입니다.

　궁중에는 그의 연주를 듣기 위해 황후를 비롯한 많은 귀족들이 모였습니다. 이윽고 연주가 시작된다는 신호와 함께 박수소리가 터져 나왔습니다. 그런데 이상하게도 그는 바이올린을 든 채로 꼼짝도 하지 않았습니다.

　귀족들은 술렁이기 시작했고, 황후도 눈이 휘둥그레졌습니다. 10여 분이 지났을 때, 그는 황후 앞으로 성큼성큼 다가갔습니다. "황후 폐하, 황공하오나 한 가지 부탁을 들어 주셔야만 연주를 할 수 있겠습니다." "무슨 부탁인가?" "저는 강아지가 있는 자리에서는 연주할 수 없습니다."

　황후가 한시도 곁에서 떼어놓지 않는 강아지를 보고, 어른도 아닌 소년이 그런 당돌한 요구를 한 데 대해 황후를 비롯한 귀족들은 몹시 놀랐습니다. 이런 놀람에도 아랑곳없이 그는 미동도 않고 서 있었습니다. "만약 안 된다면?" "황후께서 제 청을 거절하시리라고는 생각지 않습니다. 그러나 만약 거절하신다면 저는 오늘 연주를 다음 기회로 미루겠습니다."

　소년의 이 대담한 말에 귀족들은 모두 입을 딱 벌렸습니다. 그리고 황후로부터 어떤 호통이 떨어질까 마음을 조이며 기다렸습니다. 그런데 황후는 놀랍게도 이렇게 명령했습니다. "여봐라! 비에니아우스키의 연주가 끝날 때까지 이 강아지를 밖으로 데리고 나가거라." 강아지가 시종에게 안겨 밖으로 나간 뒤 그는 황후에게 큰절을 하고 비로소 연주를 시작했습니다.

### 같이 * 가치

고대 그리스 문명과 근대 서구 문명 사이에 달라진 점이 있다면, 사람들이 '담배 피우는 재미'를 알게 된 것 정도라고 말하는 사람이 있습니다. 중요한 것은 세계를 해석하는 것이 아니라 세계를 변혁시키는 것입니다. 그리고 올바른 예술은 언제나 변혁의 가장 앞자리에 서 있어야 합니다.

어린 비에니아우스키였지만, 그는 예술 앞에서는 만인이 평등하며 예술이 주는 긍지는 그 누구도 무시해서는 안 된다는 기상을 지켜 나갔습니다. 이런 예술혼에 의해 반이성적, 반문명적, 반자유적인 통제가 깨어졌던 것입니다. 그것이 진보를 향해 나아가는 인류의 역사이기도 합니다.

### Story * doing

예술가의 당당함이 예술적 기품과 어우러질 때, 우리는 그 앞에서 고개를 숙이게 됩니다. 그런 예술가들을 알고 계시나요?

## 그 사람은
## 내가 장례 지낸 지 오랜 고인이오.

만해 한용운 萬海 韓龍雲, 1879~1944 이 심우장 냉골에서 고구마로 끼니를 이어야 할 만큼 가난했을 때, 변절한 최린 崔麟, 1878~1958 이 찾아왔습니다. 하지만 만해는 '부재중'이라고 그를 따돌려 버렸습니다. 최린이 딸 영숙에게 당시로서는 엄청난 돈인 100원을 쥐어 주고 가자, 만해는 사람을 보내 그 돈을 돌려주었습니다.

한번은 중추원 참의로 있던 최남선 崔南善, 1890~1957 이 만해를 만나 "오랜만이오, 만해." 하면서 손을 내밀었습니다. "당신이 누구요?"라고 반문하는 만해에게, 육당 최남선은 "나요 나, 육당."이라고 하였습니다. 하지만 만해는 냉정하게 말했습니다. "뭐 육당이라고? 그 사람은 내가 장례 지낸 지 오랜 고인故人이오."

일본어를 모르는 것을 자랑으로 여긴 한용운은 검은 한복에 검정 고무신을 신고 다니며, 원고지에다 '내지 [內地, 외국이나 식민지에서 일컫는 제 나라 또는 제 나라 땅. 여기서는 조선을 가리킴]'라고 써야 할 경우 빈 칸으로 띄었습니다.

그가 입적 入寂, 죽음을 뜻하는 불교용어 한 이듬해 해방이 되었는데, 좌우 싸움으로 혼란이 극에 달하자, 좌익의 거물 홍명희조차 이렇게 한탄했습니다.

"만해가 이 자리에 있었더라면 이런 시비是非는 없을 터인데……."

### 같이 \* 가치

미당 서정주 徐廷柱. 1915~2000 하면, 단번에 "아아, 「국화 옆에서」의 시인" 하고 떠올리겠지요? 그런데 미당은 일제강점기에 우리의 젊은 청년들을 일제의 전쟁터로 보내는 데 앞장섰습니다. 해방 이후에 어떤 기자가 "선생님, 왜 그런 일을 하셨습니까?"라고 물었습니다. 문학적으로 탁월한 능력을 지닌 그가 친일 행위를 한 것이 몹시 안타까워서 던진 질문이었습니다. 그런데 미당이 뭐라고 한 줄 아십니까? "일제가 그리 쉬 끝날 줄 알았습니까? 이럴 줄 알았으면 조금 참지 왜 내가 친일을 했겠습니까?"

그런 미당이 1980년 민족적 비극이 광주를 휩쓸고 간 뒤, 대통령으로 출마한 전두환 全斗煥 장군의 선거 유세를 도와, 라디오에 출연해서 또 이렇게 말했습니다. "전두환 후보의 그 얼굴을 한번 보십시오. 그 웃음이 마치 어린아이의 순진무구함을 담고 있지 않습니까?" 그래서 어떤 사람은, 미당은 '정치적 백치'이므로 이런 논란에서 그만 좀 놔 줘야 한다고까지 말하기도 했습니다.

하지만 그럴 수는 없습니다. 페트로뉴스 Gaius Petronius Arbiter 가 엉터리 예술가 네로 Nero Claudius Caesar 에게 준 글을 들려 드리겠습니다. "나는 그대가 그대의 어머니나 아내나 형제를 죽이고, 또 로마를 불태우고 이 나라의 많은 청렴한 사람을 죽음의 나라로 보낸 것을 책망하고 싶은 생각은 추호도 없다. 그러나 제발 노래만은 부르지 말라. 시만은 짓지 말라. 춤만은 추지 말라."

### Story \* doing

성추문과 관련하여 고은 시인의 작품을 교과서에서 추방하자는 의견들이 많았습니다. 그럼 미당 서정주의 작품은요?

## 겁주는 일까지
## 그만두라고 하지는 않았네.

마을에 사는 뱀 한 마리가 사람들을 닥치는 대로 물었습니다. 그 뱀 때문에 사람들은 아무도 들에 나갈 엄두를 내지 못했습니다. 그래서 덕이 뛰어난 스승이 그 뱀을 길들여서 비폭력의 원칙을 실천하도록 가르쳤습니다.

머지않아 마을 사람들은 그 뱀이 더 이상 자기들을 해치지 않는다는 것을 알게 되었습니다. 그들은 뱀 꼬리를 붙잡아 끌고 다니다 때리기까지 했습니다. 심하게 두들겨 맞은 뱀이 어느 날 스승의 집에 와서 불평을 하였습니다.

그러자 스승이 말했습니다.
"친구여, 자네는 사람들에게 겁주는 일까지 그만두었군. 그건 어리석지."
"하지만 비폭력의 원칙을 실천하라고 가르치신 분은 바로 선생님이 아니십니까?"
"해치기를 그만두라고 했지, 겁주는 일까지 그만두라고 하지는 않았네."

### 같이 * 가치

'조용한 아침의 나라'로 불리던 한반도는 지난 세기 강대국의 각축장으로 변해 수많은 전쟁을 치렀습니다. 태평양전쟁으로 많은 사람이 죽고 다치고 정조를 유린당했고, 그 전쟁으로 말미암아 세계에 흩어진 수십만의 우리 민족이 아직도 적절

한 보상과 치유를 받지 못한 채로 남아 있습니다. 또한 해방 이후에는 한국전쟁으로 인해 수백만의 사람들이 죽고 다쳤으며, 아직도 가족의 생사조차 모르는 이산가족의 고통이 가시지 않고 있습니다.

서구에서 전쟁론의 대가라 하는 클라우제비츠 Carl Von Clausewitz 는 『전쟁론』에서, 전쟁을 외교와 함께 국익을 증대하기 위한 정치의 하나로 보았습니다. 이처럼 전쟁을 국가 정책의 연장으로 본 시각이 서구 사회를 전쟁으로 이끈 요인 가운데 하나가 되었는지 모릅니다. 그러나 동양적인 전쟁술의 고전인 『손자병법』에서 손자 孫子 는 전쟁을 결코 긍정적으로 보지 않았습니다. 그에 따르면, 전쟁은 백성의 생사가 결정되는 분기점이자 나라의 존망이 달려 있는 것이므로, 전쟁은 차선이었으며 싸우지 않고 이기는 것을 최선으로 여겼습니다.

하지만 전쟁의 수행이 때에 따라서는 '보다 작은 악'에 속한다고 생각하면 '고통스러운 전쟁'도 인정해야 합니다. 그것이 현실입니다. 전쟁은 인간에 의한 인간의 대규모적인 살상이므로 전쟁 억제력은 반드시 필요하고, 때로 자기 방어를 위해서는 전쟁도 감수해야 합니다. '겁주는 일'까지 그만둘 경우 짓밟히는 것은 '뱀'만이 아니라는 사실을 잊어서는 안 됩니다. 강대국 틈바구니에 있는 우리나라를 한 번 떠올려 보십시오.

*Story*doing*

누가 때리면 무조건 맞고 있어야 할까요? '정당방위 인정 기준'에 이런 것이 있습니다. '상대방의 부당한 침해가 먼저 있을 것', '방위 행위가 침해 행위를 방어하기 위한 목적일 것'. 자기 생각을 친구들과 나눠 보세요.

## 갑옷 입히기를
## 즐기시는 까닭이 무엇입니까?

전찬이라는 사람이 누더기를 입고 임금 앞을 지나갔습니다.

임금이 전찬의 옷을 보더니 말했습니다.
"그대의 옷이 너무 초라하구나."

전찬이 대답했습니다.
"임금님, 이 옷보다 더 나쁜 옷이 있습니다."

임금이 깜짝 놀라 물었습니다.
"그보다 더 나쁜 옷이라니, 그게 어떤 옷인가?"
"병사들이 입는 갑옷입니다."
"……."
"갑옷은 싸우기 위해 입는 옷입니다. 그런데 갑옷은 겨울에는 가장 춥고, 여름에는 가장 덥습니다. 저는 가난하기 때문에 남루한 옷을 입고 있습니다만 임금님께서는 비할 데 없이 귀한 몸이십니다. 그런데도 백성들에게 갑옷 입히기를 즐기시는 까닭이 무엇입니까? 사람을 죽이고 사람이 사는 마을을 파괴하는 것은 어진 임금으로서 즐겨 하실 일이 아닙니다."

같이*가치

　인류의 역사는 곧 전쟁의 역사입니다. 인류가 지구상에 출현한 이래 수많은 국가들이 자국의 이익을 위해 전쟁을 일으켰고, 그 과정에서 수많은 사람들이 희생되었습니다. 그래서 군비 축소의 목소리가 높아지고 있습니다.

　하지만 역사적으로 볼 때에 군비 축소가 국가 안보를 보장해 주지 못한다는 견해도 만만치 않습니다. 평화와 자유, 인권 등은 인간이라면 누구나 중요하게 여기는 기본적인 가치이지만, 국민을 지켜야 하는 국가가 힘이 없을 경우에는 이러한 가치를 떠들어 보아야 아무런 소용이 없기 때문입니다. 그래서 많은 사람들은 무기의 비축을 가상의 적에게 전쟁을 단념하도록 하는 역설적인 방법이라고 생각합니다.

　그렇지만 그 같은 군비 경쟁은 항구적인 평화를 보장하지 못하며, 전쟁의 원인을 근본적으로 제거한다기보다 오히려 전쟁을 증대시킬 위험이 더 큽니다. 인도를 방문한 우리 대통령이 간디 추모 공원을 찾았는데 방명록에 이런 문구를 남겼습니다. "평화로 가는 길은 없다. 평화가 길이다.' 위대한 간디 정신을 되새깁니다. 2018.7.10. 대한민국 대통령 문재인" 평화는 '힘'으로만 얻으려고 해서는 얻을 수 있는 게 아닙니다.

*Story*doing*

부당한 영국의 지배를 물리쳐 인간에 대한 애정을 실천한 간디의 삶은
매우 적극적인 저항의 삶이었습니다.
그의 삶은 '비폭력 무저항'이 아니라 '비폭력 저항'이었습니다.
어떻게 하면 '비폭력'으로 '저항'할 수 있을까요?

# 그것은
# 돌과 창이지.

　핵폭탄의 발명을 가능하게 한 연구를 처음으로 시작한 아인슈타인에게 한 친구가 질문을 했습니다.
　"제3차 세계 대전에서는 어떤 새로운 무기들이 사용될 것 같은가?"
　아인슈타인은 고개를 숙이고 잠시 생각하다가 이렇게 말했습니다.
　"제3차 세계 대전에서 어떤 무기들이 사용될 것인지에 대해선 잘 모르겠지만, 제4차 세계 대전에서 어떤 무기들이 사용될 것인지는 정확히 알겠네."
　그것이 무엇이냐고 친구가 다시 묻자, 그는 짤막하게 대답했습니다.

　"그것은 돌과 창이지."

**같이 • 가치**

　슈바이처 Albert Schweitzer 박사는 어느 날 토인들에게 유럽에서 전쟁이 일어났다는 소식을 전해 주었습니다. 이 말을 듣고 있던 늙은 토인이 갑자기 이런 질문을 하였습니다. "전쟁이라는 것을 하면 한 열 사람쯤 죽게 됩니까?"

　엉뚱한 질문을 받은 슈바이처 박사는 어이가 없었습니다. 그래서 박사는 이렇게 대답하였습니다. "아닙니다. 그 정도가 아니고, 이루 헤아릴 수 없을 정도로 많은 사람이 죽게 됩니다."

이 말을 듣고 그 자리에 모여 있던 많은 토인들은 서로 얼굴을 쳐다보면서 의아해했습니다. 그러더니 처음에 질문을 한 늙은 토인이 다시 물었습니다. "거 참 이상한 일입니다. 백인들은 우리와 같이 사람을 먹지도 않으면서 왜 그렇게 한꺼번에 사람을 많이 죽이는 장난을 하는 것입니까?"

돌이켜보면, 20세기는 유혈 폭력과 살상의 시대였습니다. 전쟁 연구자마다 추정하는 수치가 다르지만, 20세기의 전쟁 희생자 수는 1억 명이 훨씬 넘는다고 합니다. 무려 1천 5백만 명의 사망자를 냈던 제1차 세계 대전이 끝났을 때, 사람들은 그 전쟁을 '큰 전쟁 Great war'이라고 불렀습니다. 그로부터 불과 20년 뒤 5천만 명의 사망자를 낸 '더 큰 전쟁'인 제2차 세계 대전이 일어나리라고는 상상조차 하지 못했기 때문입니다. 「파리대왕」으로 노벨 문학상을 받은 영국의 작가 윌리엄 골딩 William Golding 이 20세기를 가리켜 "인류사에서 가장 폭력적인 세기"라고 규정한 것도 무리는 아닙니다.

그런데 말입니다. 수백만의 사람을 잔혹하게 죽인 히틀러 Adolf Hitler 는 채식주의자였다고 합니다.

*Story＊doing*

전쟁이 인간성을 짓밟는 '반인권'임을 생각할 때,
평화와 통일만이 진정한 의미의 '인권'이 아닐까요?
'평화와 통일을 위한 해법'에는 무엇이 있을까요?

## 대영제국의 승리는
## 신사도의 정신이 가져다주었다.

제2차 세계 대전 중 강력한 독일 함대에 포위당한 영국은 커다란 위기에 처하게 되었습니다. 사람들은 점점 동요하기 시작했습니다. 그때 전시 내각을 이끌던 윈스턴 처칠 Winston L. S. Churchill 은 라디오 방송을 통해 영국인들에게 호소하였습니다.

"지금 조국은 독일 함대에 의해 완전히 포위당했습니다. 그리고 독일 공군의 폭격이 심하여 기동력도 잃었습니다. 그러나 정부는 상당한 식량을 비축해 놓았습니다. 식량이 떨어져서 비축미가 필요한 사람은 배급소 앞에 모여 타 가시기 바랍니다. 이렇게 몇 주만 더 저항하면 반드시 연합군이 독일 함대를 격파하고 우리 영국을 구출해 줄 것을 확신합니다."

그런데 놀랍게도 처칠의 이 방송이 나간 뒤 비축미를 타 간 사람은 단 한 사람도 없었습니다. 아닌 게 아니라 그 후 연합군이 독일 함대를 물리치고 영국을 구출하였습니다. 뒤에 처칠은 『회고록』에서 "대영제국의 승리는 영국인들이 자랑하는 신사도 정신이 가져다주었다."라고 말하였습니다.

김수영의 시 「거대한 뿌리」에도 나오는데, 이사벨라 비숍 Isabella B. Bishop 여사를 아십니까? 19세기 말, 우리나라를 네 차례나 찾았던 영국의 왕립 지리학자입니다. 비숍 여사는 당시 조선의 이곳저곳을 둘러보며 어지간히 한심하다는 생각을 한 모양입니다. 그래서 "나는 조선에 체류하는 동안, 조선인은 찌꺼기이며 그들의 처지는 절망이라고 생각하기 일쑤였다."라고 하였습니다.

그런데 조선과 중국, 러시아가 맞닿은 조선인 집단 이주 마을에서 잡초처럼 뿌리를 내리고 살아가는 조선인들을 대한 뒤 여사의 생각은 크게 달라졌습니다. 여사는 그때의 감동을 『조선과 그 이웃들』이라는 책에 이렇게 적고 있습니다. "대부분 굶주림에 쫓겨 온 저들의 처신이 나에게 조선인에 대한 새로운 희망을 갖게 했다. 만일 조선인에게 정직한 정부가 있고, 그들의 부를 지킬 수만 있다면……." 그러고서 비숍은 "조선인들은 아시아적이라기보다는 차라리 영국적이다."라고 말했습니다. 콧대 높은 영국인의 표현이라기에는 가히 파격적입니다.

우리는 1980년 민중 항쟁 기간에 그 놀라운 도덕성과 강인성을 다시 보여 주었습니다. 경찰의 치안력이 완전히 사라진 그해 오월 광주에서는 단 한 건의 은행 약탈도 상점 습격도 없었습니다. 수천 정의 총이 '폭도'의 손에 쥐어져 있었는데도 말입니다. 그래서 우리는 "사월에서 오월로, 오월에서 통일로!"라고 당당하게 외칠 수 있습니다.

*Story＊doing*

'신사'와 '선비'는 서양과 우리나라를 대표하는 교양인입니다. '신사'와 '선비'와 통하는 현대적 용어가 '시민'이 아닐까요? 시민 정신이란 무엇일까요?

## 내려가는 것이
## 곧 올라가는 길이 된다.

유럽의 종교 개혁자인 츠빙글리 Ulrich Zwingli 가 자기와 생각이 다른 동료 때문에 무척 괴로워하고 있을 때 일입니다. 어느 이른 아침 그는 스위스의 산 위를 걷다가, 영혼을 뒤흔드는 광경을 목격하고 스스로 크게 뉘우쳤습니다.

두 마리의 염소가 좁은 산길을 가고 있는데, 한 마리는 위로 오르려 하고 다른 한 마리는 내려오려고 하였습니다. 그러나 길이 매우 좁아서 한 마리가 겨우 지나갈 정도의 자리가 있을 뿐이었습니다. 결국 두 마리는 도중에서 만나 오지도 가지도 못하고 있었습니다. 두 마리는 서로 바라보다가 꼿꼿이 서서 마치 한판 싸움이라도 할 듯하였습니다.

그러나 다음 순간 놀라운 일이 벌어졌습니다. 아래쪽에서 올라가던 염소가 길 위에 눕자, 다른 한 마리가 그 등을 딛고 내려가는 것이었습니다. 그러고는 누워 있던 염소도 일어나서 제 길로 올라갔습니다. 츠빙글리는 내려가는 것이 곧 올라가는 길이 된다는 점을 깨달았습니다.

모든 평화는 그렇게 길을 냅니다.

같이*가치

지구에서 가장 많이 서로 싸운 나라는, 유럽 대륙에서 서로 패권을 다투었던 프랑스와 독일이 아닐까 합니다. 근대 민족 국가가 수립되기 전부터 두 나라는 여러 가지 이유로 싸웠습니다. 어떤 이념의 차이보다 더 증오심이 컸던 신교·구교의 종교 전쟁, 프랑스 혁명 이후의 나폴레옹 전쟁, 그리고 1차, 2차 세계 대전 등이 그것입니다. 같은 게르만 족으로 칼 대제의 아들 대에 서로 갈라져 언어와 문화가 다른 두 나라는 수백 년에 걸쳐 서로 치고 받으며 '개와 원숭이의 사이'가 되었습니다.

그러던 두 나라가 중심이 되어 2차 대전이 끝나자 아예 전쟁의 물질적 근원을 없앨 요량으로, 석탄과 철강을 공동으로 관리하는 체제를 만들었습니다. 유럽석탄철강공동체 ECSC가 그것입니다. 이탈리아, 벨기에, 네덜란드, 룩셈부르크가 참가한 이 공동체는 이후 군수 산업의 2대 물자인 석탄과 철강을 초국가적인 제3의 기구에 관리하게 하였습니다. 서로 '올라가지 않고 내려가려고 함'으로써 전쟁으로 인한 엄청난 피해를 경험한 유럽에 항구적인 평화 기반을 조성하여 오늘날 유럽연합 EU으로 발전하는 모태가 되었습니다.

세상에 평화로 가는 길은 따로 없습니다. 무스테 A.J. Muste 가 말했듯이 "평화 그 자체가 길"이기 때문입니다. 우리도 부러워만 하고 있을 일이 아닙니다.

*Story*doing*

오체투지五體投地란
무릎을 꿇고 두 팔꿈치를 땅에 댄 다음 머리가 땅에 닿도록절하는 것입니다.
더 이상 낮아질 수 없이 낮아지는 모습, 이게 평화의 길이자 생명의 길이 아닐까요?

## 돌아오라는 명령을 받은 게 아니라
## 가라는 명령을 받았네.

어느 폭풍우 치는 날, 배 한 척이 바다에서 조난을 당해 에스오에스SOS를 쳤습니다. 연락을 받은 구조선 선장이 배를 띄웠습니다.

젊은 선원 하나가 선장에게 말했습니다.

"선장님, 바람이 너무 세고 파도가 너무 높아 배를 띄우기에는 무리라고 생각합니다."

선장이 대답했습니다.

"아니다. 우리에게는 구조하러 가라는 명령이 떨어졌어. 지금 바다에는 조난당한 배가 있다. 우리는 가야 한다."

선원이 항의했습니다.

"그렇지만 선장님! 우리는 돌아오지 못할지도 모릅니다."

그러자 선장이 이렇게 대꾸했습니다.

"이 사람아, 우리는 돌아오라는 명령을 받은 게 아니라 가라는 명령을 받았네!"

## 같이 * 가치

폼페이 Pompeii 가 베수비우스 산의 화산 폭발로 멸망할 당시 많은 사람들이 폐허 더미에 깔려 묻혀 있다가, 수천 년이 지난 뒤에 곳곳에서 발견되었습니다. 어떤 사람들은 위험을 피해 간 듯 깊은 지하실에서 발견되기도 했고, 또 어떤 사람은 침실에서 누운 채 발견되기도 했습니다. 그런데 로마의 파수병은 수천 년이 지난 그때까지도 손에 무기를 꽉 쥔 채 그가 지키도록 명령받은 성문 앞에 서 있는 채로 발견되었습니다. 임무를 부여한 그 자리를 지키며 그에게 주어진 지상 명령을 다한 것입니다.

그렇다면 우리에게 주어진 지상 명령은 무엇일까요? 일찍이 장준하 선생은 이렇게 말했습니다. "모든 통일은 좋은가. 그렇다. 통일 이상의 지상 명령은 없다. 통일이 갈라진 민족이 하나가 되는 것이며 그것이 민족사의 전진이라면 당연히 모든 가치 있는 것들은 그 속에서 실현될 것이다. 공산주의는 물론, 민주주의, 평등, 자유, 번영, 복지, 이 모든 것이 통일과 대립하는 개념인 동안은 진정한 실체를 획득할 수 없다. 모든 진리, 모든 도덕, 모든 선이 통일과 대립하는 것일 때는 그것은 거짓 명분이지 진실이 아니다. 적어도 우리의 통일은 이런 것이며 그렇지 않고는 종국적으로 실현되지도 않을 것이다." 일찍이 항일 독립 운동에 몸 바쳤고 해방 이후에는 민족을 위해 한결같은 삶을 사셨던 장준하 선생이 그립습니다.

### Story*doing

팬티 바람으로 도망친 선장에게 재판장이 물었습니다.
"만약에 세월호에 당신 가족이 탔다면 어떻게 했을 것 같소?"
그제야 선장은 "생각이 났을 것"이라고 대답했습니다.
항구를 떠날 때 '당신이 받은 명령'은 무엇이었습니까?

### 허허허, 허허허허!

한 학생이, 다른 사람과 말을 할 때 자신의 생각을 어떻게 표현해야 하는지 선생님께 여쭈었습니다. 그러자 선생님은 안경 너머로 그를 보며 이렇게 말씀하셨습니다.

"옛날 어떤 집에서 아들을 얻어 잔치를 벌였단다. 만 한 달이 되어, 잔칫날 손님들에게 아이를 보였겠지? 물론 덕담을 들으려고 말이야.

그날 온 손님 가운데 한 사람이 아이를 보더니 이렇게 말했어. '우와, 이 아이는 크면 부자가 되겠는데요.' 부모는 이 말을 듣고 무척 고마워했지.

이번에는 다른 사람이 말했단다. '이 녀석, 크면 높은 벼슬을 하겠습니다.' 주인도 답례로 그에게 덕담을 해 주었지.

그런데 다른 한 사람은 이렇게 말했단다. '이 아이는 분명히 죽을 겁니다.' 그러자 사람들이 그를 죽도록 때렸어.

사람이 죽는다는 것은 당연한 일이지만, 부자가 되거나 벼슬을 하리라는 건 거짓말일 수도 있지. 그런데 거짓말은 좋은 보답을 얻었고, 진실은 죽도록 얻어맞은 셈이지. 너는……?"

"선생님, 저는 거짓말도 하기 싫고, 얻어맞기도 싫어요. 그러면 어떻게 말해야 하지요?"

"그래, 그럼 이렇게 하려무나. 우와! 이 아이는 정말! 이걸 보세요! 얼마나……. 어이구! 하하! 허허허, 허허허허!"

### 같이 * 가치

이 이야기를 들으면, 헛웃음소리처럼 황당하다며 고개를 갸웃거리는 사람도 있을 것입니다. 그러나 그것은 사물의 한 면만을 보는 좁은 소견입니다.

한 학생이, 다른 사람과 말을 할 때 자기 생각을 어떻게 펼쳐야 하는지를 물었습니다. 선생님은 비유로, '듣기 좋은 거짓말'과 '듣기 싫은 참말' 중 어느 것을 택하겠냐고 되묻습니다. 거짓말은 하기 싫고 그렇다고 어려움을 겪고 싶지도 않으면 어떻게 해야 하겠느냐는 것입니다. 거기에 대해 선생님은 '그냥 웃는 것'이라고 대답합니다.

앞으로 통일을 대화로 풀어갈 때, 남북이 서로 욕할 일이 많이 생길 것입니다. 하지만 그때 할 말 다 하면 안 됩니다. 웃고도 넘기고, 넘겨 놓고 또 웃고, 그러면서 서로 신뢰를 쌓아 가야 합니다. 그 길이 바로 통일로 가는 길입니다. 허허허, 허허허허!

### Story * doing

가끔 심심하면 '하얀 거짓말 게임'을 해 보세요. 세 가지 사실 중에 한 가지 거짓말을 섞어서 다른 친구들이 듣고 맞추어 보는 게임인데요. 정말 재미있어요. "선생님은 멋져요."와 같은 하얀 거짓말을 들으면, 허허허, 허허허허!

## 그렇게 하면
## 거북이가 당장에 목을 뽑는다.

거북이의 목을 강제로 빼낼 수 있는 힘을 가진 사람은 없다고 합니다. 거북이의 체중은 불과 12~18킬로그램밖에 안 되지만, 70~90킬로그램을 들어 올릴 수 있는 사람의 힘으로도 그 목을 빼 낼 수 없다는 것입니다.

옛날에 이런 이야기가 있습니다. 태양과 바람이, 지나가는 사나이의 외투를 벗기는 내기를 했습니다. 바람이 큰 소리로 말했습니다.

"내 입김으로 한번 큰 바람을 일으키면 저 사나이는 외투를 당장에 벗어 버릴 거야."

그러나 아무리 큰 바람을 일으켜도, 사나이는 단추를 확인하고 두 손으로 움츠렸습니다. 오히려 그는 옷이 벗겨질까 봐 안간힘을 쓰는 바람에 바람은 끝내 외투를 벗기지 못했습니다.

그런데 태양은 슬슬 웃으면서 뜨거운 열을 쏟아 부으니, 사나이는 그만 "이게 웬일이야! 어이구 더워……." 하면서 외투를 스스로 벗었습니다.

거북이의 목을 빼 내려면 따뜻한 화롯불을 거북이 가까이에 놓아두면 된다고 합니다. 그렇게 하면 거북이가 당장에 목을 뽑는다는 것입니다.

같이 * 가치

'햇볕 정책'이란 말은 해와 바람이 지나가는 행인의 외투 벗기기 내기를 했는데, 강풍이 불자 행인이 옷을 더 강하게 끼어 입는 바람에 바람은 실패한 반면, 따가운 햇볕에는 행인이 스스로 옷을 벗어 해가 시합에서 이겼다는 이솝우화에서 유래한 명칭입니다.

햇볕 정책은 북한이 쉽게 무너지지 않을 것이라는 점을 전제로, 북한의 존재를 인정하면서도 북한의 변화를 촉진하기 위하여 중장기적으로 풀어 가야 하는 과제에 초점을 맞추고 있습니다. 곧, 햇볕 정책은 대북 강경 정책에서 벗어나 교류와 협력을 통한 포용 정책을 추구하여 남북 사이의 긴장을 완화시킴으로써, 북한의 무장력이라는 외투를 벗겨 한반도에 평화를 정착시키고 점진적으로 통일을 이룩하고자 하는 노력을 의미합니다.

하지만 햇볕 정책에 대해 말들이 많습니다. 무조건적인 퍼주기 식으로 상호주의에 어긋난다는 의견부터, 전쟁 방지 및 인도주의 원칙에 충실하여 한반도 평화는 물론 세계 평화에 이바지한다는 의견까지 다양합니다. 2018년 4·27 판문점 남북 회담 이후 우리 사회는 크게 달라지고 있는데, 어떻게 생각하십니까?

*Story*doing*

"우리는 너무 많이 생각하고 너무 적게 느낀다." 찰리 채플린의 말입니다. '생각을 움직이는 것'이 '마음을 움직이는 것'보다 훨씬 힘겨운데도, 우리는 서로의 생각을 강요하기 일쑤입니다. 남과 북도 그러고 있지 않나요?

## 그런데
## 왜 통일을 마다합니까?

통일은 필요합니까? 당신에게 통일은 정말 절실합니까? 대부분 그렇다고 대답하면서도 그래야 할 것 같아서 그렇다고 대답하는 사람이 많습니다. 그렇다면 왜 통일을 해야 하는 걸까요? 이 거창한 물음에 어느 농민은 아주 소박하게 대답했습니다.

"통일돼야 합니다. 개마고원 감자 씨 갖다 심으면 좋은 감자 많이 나 좋고, 북한 농사꾼이 남쪽 볍씨 갖다 심으면 쌀농사 잘 지어 좋지요. 그런데 왜 통일을 마다합니까?"

감자는 개마고원 산이 가장 좋고 수확도 좋으며 볍씨는 반대로 남쪽의 것이 좋다고 합니다. 그래서 남과 북이 감자 씨와 볍씨를 바꾸어 심으면 각각 20~30퍼센트씩 좋은 품질의 것을 더 거두어들일 수 있다고 합니다. 그러나 산지를 옮긴 종자는 2~3년 지나면 풍토의 영향을 받아 다시 품질과 수확량이 떨어진다고 합니다. 그러므로 농민들에게는 계속하여 종자를 바꿀 수 있는 통일된 나라가 되어야 좋습니다.

그것이 바로 통일의 내용이고 통일이 우리 생활에서 요구되는 이유입니다.

## 같이 * 가치

삼팔선은 삼팔선에만 있는 것이 아니다.
낮게는 새벽같이 일어나 일하면
일할수록 가난해지는 농부의
졸라 맨 허리에도 있고 제 노동을 팔아
한 몫의 인간이고자 일어나면
결정적으로 꺾이고 마는 노동자의
구부러진 허리에도 있다.

– 김남주, 「삼팔선은 삼팔선에만 있는 것이 아니다」에서

니체 F. W. Nietzsche 는 새 시대의 인간—곧, 그가 말하는 초인超人—에게 거는 최대의 희망이 '복수로부터의 해방'이라고 하였습니다. 지구라는 별 위에 거의 유일하게 남아 있는 분단된 나라, 그 아픔을 치유하고 상처 위로 새살이 돋아나게 하기 위해 우리는 '복수로부터의 해방'이 이루어져야 합니다.

지난날 서로에게 준 아픔은 다 잊어야 하고, 내가 이만큼 애썼는데 함께 똑같이 나누기 아깝다는 욕심도 다독여야 하며, 그리하여 너나 없는 삶 속으로 우리는 녹아들어야 합니다. 이것이 우리의 통일입니다.

### Story*doing

진리가 우리를 자유롭게 하지 않을 때 그것은 더 이상 진리가 아닙니다.
화해와 협력이 아니라 갈등과 증오를 불러일으키는 것이 과연 진리일까요?

## 아들마저도
## 고향으로 돌아와 살 만한 나이는 아니었습니다.

　아주 먼 옛날, 아직도 해가 이 땅을 고루 비치지 않던 아득한 옛날에, 낮에도 해가 비치지 않아 살기 어려운 마을이 있었습니다. 늘 어둡기만 해서 호랑이와 표범, 늑대 같은 맹수들이 들끓어 마음 편히 지낼 수가 없었습니다. 그래서 사람들은 해 뜨는 곳을 찾아가서 우리 고장도 해 좀 비추게 해 달라고 사정하기로 하고, 누구를 보낼 것인가를 결정하는 회의를 열었습니다.

　먼저 노인 한 분이 자리에 일어서더니, 죽기 전에 이 일이나 마지막으로 해 보겠다고 말했습니다. 그렇다고 이 말을 들은 젊은 사람들이 어디 가만히 있겠습니까? 어떤 젊은이는 자기를 보내 달라고 청원했고, 또 어떤 용감한 소년은 자기를 보내 달라고 간청하였습니다.

　그때, 씩씩하게 생긴 젊은 여자 하나가 일어나서 조용히 말했습니다. "해가 처음 뜨는 곳까지 가자면 한 백 년은 좋이 걸릴지도 모릅니다. 저는 마침 뱃속에 새로 생긴 아이를 가지고 있으니, 가다가 이 애를 낳아서, 이 애하고 2대가 이어서 가면 될 것 같습니다." 그래서 이 회의에서는 여러 모로 상의한 결과, 그 젊은 여자를 보내기로 하였습니다.

　해 뜨는 곳을 향하여 그 여자는 산을 넘고 강을 건넜습니다. 어떤 산골에서는 맹수에게 쫓기면서, 어떤 들판에서는 독사를 피하면서, 목숨을 하늘에 맡기고 걷고 또 걸었습니다. 집을 떠난 지 일곱 달 만에 얻은 사내아이를 혼자서 기르면서, 오랜 세월을 걸었습니다.

여자를 보낸 뒤에 마을 사람들은 이제나저제나 하고 햇빛이 비치기만을 기다렸으나, 십 년이 지나도 여전한 어둠뿐이었고, 이십 년, 오십 년, 구십 년이 지나도 마찬가지였습니다. 그런데 여자가 떠난 지 꼭 백 년이 그득히 되던 날, 기적같이도 햇빛이 비치기 시작했습니다. 그 여자는 도중에서 이미 세상을 떠났고, 아들이 어머니의 뜻을 이어 그렇게 해 낸 것입니다.

그렇지만 아들마저도 고향으로 돌아와 살 만한 나이는 이미 아니었습니다.

### 같이 · 가치

모세의 「출애굽기」를 읽으면서 우리는, 끝내 가나안 땅에 들어가지 못하고 목숨을 거두는 해방자의 마지막 모습을 보며 진한 감동에 사로잡힙니다. 그래서 그는 우리에게 영원한 해방자의 모습으로 남아 있는지 모릅니다.

'영원'은 흔히 생각하는 것처럼 무한으로 계속되는 시간이 아닙니다. '여기 그리고 지금'이 영원입니다. 오늘은, '여기 그리고 지금'을 영원으로 살았던 아름다운 여인의 이야기를 들으면서 우리의 통일맞이를 생각해 봅시다.

### Story※doing

'당장 나 먹을 것'만 심어 먹는다면, 우리는 한해살이풀만 먹고 살고 있을 것입니다.
여러분은 우리 사회의 미래를 위해 어떤 사과나무를 심고 계시나요?

## 성인은
## 드디어 진리를 깨친 것입니다.

나무 아래에서 한 성인이, 진정한 사랑이 무엇인가 골똘히 생각하고 있었습니다. 그때 배고픈 귀신인 아귀에게 쫓기던 비둘기 한 마리가 그의 품 안으로 도망쳐 들어왔습니다. 성인은 비둘기를 감싸 안고 내놓지 않았습니다. 아귀는 텅 빈 배를 가리키며 울부짖었습니다.

"난 배가 고파 미치겠소. 내 먹이를 빨리 내놓으시오."

결국 성인은 이렇게 말했습니다.

"이 가련한 비둘기의 생명을 내팽개칠 수 없다. 차라리 비둘기 무게만큼 내 살점을 베어 가라."

아귀는 양쪽에서 무게를 달 수 있는 양팔저울을 가져 왔습니다. 성인은 넓적다리 살점을 베어 올려놓았습니다. 한쪽엔 비둘기가 다른 한쪽엔 살점이 올라간 저울은 비둘기 쪽으로 기울었습니다. 성인은 살점을 더 베어 냈습니다. 그래도 비둘기 쪽이 무거웠습니다. 분명히 비둘기 무게 이상의 살을 떼어 냈음에도 불구하고 저울은 비둘기 쪽으로 기울고 있었습니다.

성인은 벌떡 일어나 저울 위에 자신의 몸을 올려놓았습니다. 그제야 저울은 평형을 이루었습니다. 홀연 아귀는 자취를 감추었고, 어디에선가 음악 소리가 들리며 꽃이 휘날렸습니다. 비둘기의 생명은 성인의 생명과 같은 무게였습니다. 그것을 깨닫고 저울에 뛰어 오른 성인은 드디어 진리를 깨친 것입니다.

같이 * 가치

    1970년대 유신 독재 정권에 정면으로 도전한 어느 시인은 감옥에서 사상의 커다란 전환을 맞이합니다. 감옥에서 5년을 지내고 난 그는, 독방에 오래 수감된 사람들에게 흔히 나타나는 폐쇄 공포증에 시달리게 됩니다. 그러던 어느 봄날 시멘트 받침과 쇠창살 사이에 비 때문에 파여 흙먼지가 쌓인 홈에 작은 풀씨가 하나 날아와 싹을 틔운 것을 보았습니다.

    '아, 생명은 무소부재無所不在, 어디든지 있지 않는 데가 없이 아무 데나 다 있음 로구나! 생명은 감옥의 벽도, 교도소의 담장도 얼마든지 넘나드는구나! 쇠창살도 벽돌담도 생명 앞에서는 걸림돌이 되지 못하는구나! 오히려 생명은 그것들 속에마저도 싹을 틔우고 파랗게 자라는구나! 그렇다면 저 풀씨보다 더 고등 생명인 내가 이렇게 벽 앞에서 절망하고 몸부림칠 까닭이 없겠다. 만약 이 생명의 끈질긴 소생력과 광대한 파급력, 그 무소부재함을 깨우쳐 그것을 체득할 수만 있다면 내게 더 이상 벽도 담장도 감옥도 없는 것이다.'

    그도 진리를 깨친 것입니다. 작은 풀씨 하나를 통해.

*Story*doing*

    음력 4월 15일에서 7월 15일까지 3개월 간 스님들이 한곳에 모여 수행하는 것을 하안거夏安居라고 합니다. 외출할 때 자신도 모르게 작은 벌레를 밟아 죽일 수 있어서 동굴이나 사원에 들어 앉아 좌선 수학에 전념한다고 합니다.
여러분은 작은 벌레를 위하여 '하안거'를 결행한 적이 있나요?

## 남을 사랑하지 않고서는
## 결코 행복을 맛볼 수 없거든.

먼 옛날 깊은 산 속 통나무집에 노인 한 분이 살고 있었습니다. 하얀 수염이 무릎까지 내려온 이 노인은 세상의 온갖 지혜를 지니고 있었습니다. 그래서 노인이 어쩌다 마을에 내려오면 마을 사람들이 그의 말을 들으려고 몰려왔습니다.

어느 날 노인은 마을 사람들에게 행복의 비밀을 가르쳐 주겠다고 약속했습니다. 그러나 이 비밀을 들을 만한 가치가 있는 한 사람에게만 말해 주겠다고 하였습니다.

사람들은 오랫동안 의논한 끝에 '아름다움'이야말로 세상에서 가장 값진 것이라 생각하고, 마을에서 가장 예쁜 소녀를 보냈습니다. 그러나 노인은 그 소녀를 돌려보냈습니다.

사람들은 다시 의논한 끝에 가장 돈이 많은 사람을 보냈습니다. 풍부한 '재산'이야말로 세상에서 가장 소중한 것이라고 생각했기 때문입니다. 하지만 이번에도 노인은 입을 열지 않았습니다.

노인은 슬펐습니다. 고작 그런 생각밖에 하지 못하는 사람들에게 실망했습니다. 그런데 마침 작은 새를 가슴에 안고 울고 있는 소년을 만났습니다. 노인이 다가가서 물으니, 다친 새가 불쌍해서 울고 있다는 것이었습니다.

노인은 기뻤습니다. 이제야 행복의 비밀을 말해 줄 사람을 만난 것입니다.

"얘야, 지금 네가 흘리고 있는 '눈물'이야말로 가장 소중한 것이란다. 남을 사랑하지 않고서는 결코 행복을 맛볼 수 없거든."

### 같이 • 가치

인간과 동물의 차이는 무엇일까요? 오래된 이 질문에 대한 새로운 대답이 나왔습니다. "동물들에게 이 지구를 맡긴다면 앞으로 천만 년이 지나도 과잉 포장, 일회용 기저귀, 산성비, 일산화탄소 중독, 오존층 감소, 온실 효과, 핵폭탄, 독성 폐기물, 디디티DDT, 납이 들어 있는 휘발유 따위를 생각해 내지 못할 것입니다. 그러나 인간은 한 세기도 되기 전에 이 모든 것을 해 냈습니다." 이것이 인간과 동물의 차이입니다.

인간이 '작은 새를 가슴에 안고 울고 있는' 소년의 마음을 배우지 못한다면, 우리는 한 세기가 되기 전에 하나뿐인 지구를 우리 모두의 무덤으로 만들고야 말 것입니다. 케냐의 속담에 이런 것이 있습니다. "지구를 귀중히 다루어라. 지구는 부모가 당신에게 준 것이 아니라, 당신의 자녀에게서 빌린 것이다."

### Story*doing

"평소와 달라 보이는 노을, 보통 때와 다른 시냇물 소리, 어제까지 보이지 않다가 모습을 드러낸 꽃 등 일상의 사소한 변화 속에서 사람은 삶에 대한 희망을 발견합니다."
– 『작은 생명이 건넨 위대한 위로』에서
이 글에서 '희망'을 여러분은 어떤 단어로 바꾸고 싶으세요?

## 중이 토한 고기라고 해서
## '중토'라고 부르고 있습니다.

　보조 국사가 절을 지으려고 산천을 두루 돌아다니다가 어느 날, 순천 조계산에 이르렀습니다. 산꼭대기에 올라가서 보니 과연 절을 지을 만한 훌륭한 가람 터가 눈에 들어 왔습니다. 그런데 국사가 그곳에 가보니 거기에는 산적 떼가 우글거렸습니다. 보조 국사는 그들을 쫓아낼 꾀를 내었습니다. 그래서 산적의 소굴로 들어가 몰래 엿보는 체하였습니다.

　그때 보초를 서고 있던 산적 하나가, "웬 놈이냐? 우리를 몰래 살펴보려고 중으로 변장하고 온 것이렷다!" 하며 숲에서 뛰어나왔습니다. 국사는 일부러 대답도 안 하고 순순히 묶여 주었습니다.

　국사를 묶어 놓은 채 산적들은 점심밥을 먹으려다가 국사에게도 밥과 송사리를 끓인 찌개를 나누어주었습니다. 그러면서 송사리 찌개를 먹나 안 먹나 보려고 곁눈질하며 자기들끼리 수군거렸습니다. "저놈이 정말로 중이라면 이 물고기 반찬을 먹지 못할 거야."

　국사는 못 들은 체하며 태연히 물고기 반찬을 다 먹어 버렸습니다. 산적들은 기다렸다는 듯이 외쳤습니다. "저것 봐, 고기를 먹는 걸 보니 중이 아닌 게 틀림없다."

　그 말을 들은 스님은 옆 개울물에다 고기들을 토해 내기 시작하였습니다. 그랬더니 그 고기들은 물속에 들어가자마자 다시 살아나 헤엄쳤습니다. 산적들은 그제야 국사의 도력이 높은 줄 깨닫고 잘못을 빌었습니다. 그리고 그 자리에 절 짓는 일을 도와주고 스님의 제자가 되기를 청하였습니다.

송광사 골짜기 물에서 헤엄치는 물고기는 그때 보조 국사가 토해 놓은 고기의 후손이라고 합니다. 그리고 그때까지 불리던 '송사리'라는 이름 대신 중이 토한 고기라고 해서 '중토'라고 부르고 있습니다.

### 같이•가치

생태학의 법칙에 '부메랑의 효과'가 있습니다. 어떤 생태계의 개발로 일시적인 이익을 얻더라도 그로 말미암은 악영향과 부작용은 그 이익을 상쇄하고도 남을 만큼 우리에게 되돌아온다는 것입니다.

죽은 것들을 살려내는 일을 살림 운동이라 합니다. 우리가 먹는 식품, 마시는 물, 숨 쉬는 공기, 밟고 사는 흙까지도 신음소리를 내며 죽어 가고 있습니다. 아아 대한민국을, 아아 공해망국이라고 바꿔 부르는 것을 보고서 웃고만 있어야 되겠습니까? 보조 국사처럼 죽어 버린 것을 다시 살려내는 방법은 없을까요?

### Story*doing

생명체가 살아남기 위해 선택할 수 있는 방법은 두 가지가 있습니다.
상대를 죽여서 나의 삶을 보장받는 것이 하나,
공생의 길을 모색하여 다 함께 사는 것이 또 하나. 여러분은 어떤 길을 선택하고 계시나요?

## 농부는 귀엣말로
## 조그맣게 속삭였습니다.

상진은 조선 시대에 영의정 벼슬을 지낸 사람입니다. 젊을 때에는 조심성이 부족하고, 날카로운 성격 탓으로 가까운 벗이 없었습니다.

하루는 들길에서, 논갈이하는 농부를 보았습니다. 농부는 두 필의 소를 몰고 있었습니다. 두 필의 소는 몸집의 크기가 같아 힘이 비슷해 보였습니다. 빛깔이 하나는 누렇고 다른 하나는 검은 점만 달랐습니다. 상진은 심심하던 차에 농부에게 말을 걸었습니다.

"여보쇼, 소들 일 잘 하오?"

"예에, 일을 잘 하고 있습니다."

"그 가운데 어느 소가 기운이 더 센가요?"

이 말에 농부는 아무 대답도 하지 않았습니다.

"여보쇼, 내 말이 말 같지 않으오? 갑자기 벙어리가 됐소?"

"아닙니다. 별말씀을 다 하십니다."

농부는 쟁기를 놓고, 상진이 가까이로 다가왔습니다.

"귀를 가까이 주십시오."

그래 놓고 농부는 귀엣말로 조그맣게 속삭였습니다.

"사실은 누렁이가 힘이 셉니다."

상진은 어이없다는 듯이 농부를 쳐다보며 웃었습니다.

"사실은 누렁소만 칭찬하면 검둥소가 샘을 내겠기에 그랬습니다. 두 소 다 부지런히 일하고 있는데, 검둥소를 섭섭하게 해 놓고 어찌 같은 일을 시키겠습니까?"

농부는 빙그레 웃고는 쟁기를 다시 쥐었습니다.

상진은 눈을 감고 농부의 큰 뜻을 새기었습니다. 말 못하는 짐승이라도 칭찬이 아닌 바에야 조심을 앞세우는 너그러움에 고개가 숙여졌습니다.

### 같이*가치

우리가 아무데나 째고 꿰매고 자르지 않듯이, 사람 사이에서 불쑥불쑥 화를 내거나 모욕을 주는 것은 피해야 합니다. 사람 사이의 올바른 관계는 그 사람의 너그러움에 있지, 잘잘못을 가리는 정확성에 있지 않습니다.

어디 사람뿐이겠습니까? 말 못 하는 짐승이라고, 말 못 하는 산천이라고, 우리는 이제까지 얼마나 화를 잘 내었습니까? 그리하여 걸핏하면 '사람의 잣대'로 재고 자르고 부수고 법석을 떨었습니다. 그 결과 어떻게 되었습니까?

### Story*doing

콩과식물인 무초舞草는 클래식 음악만 들려주면 리듬에 맞춰 춤추듯 잎사귀가 위아래로 움직입니다. 식물에도 감정이 있는데, 하물며 인간에게는…?

## 나비가 오지 않자
## 열매도 맺지 않았습니다.

　어느 여름 한 나무에 잎사귀가 우거졌습니다. 그런데 한 그루의 나무에서 자란 잎인데도 위쪽 잎사귀들과 아래쪽 잎사귀들은 사이가 좋지 않았습니다. 아래쪽 잎사귀는 위쪽 잎사귀가 가리고 있기 때문에 해와 달과 별과 구름을 제대로 볼 수 없다고 투정했고, 위쪽에 있는 잎사귀는 아래쪽 잎사귀가 가리고 있기 때문에 개미나 강아지나 어린애들을 볼 수 없다고 툴툴거렸습니다.

　어느 날 쐐기벌레들이 나무 위로 올라왔습니다. 잎사귀들은 서로 저편이 맛있다고 일러바쳤고 쐐기들은 아래위 닥치는 대로 갉아먹었습니다. 그래서 그해에 나무는 죽을 뻔했습니다.

　이듬해 새들이 날아왔습니다. 여름이 되자 쐐기벌레도 나무 위로 기어올라 왔습니다. 잎사귀들은 새들에게 쐐기벌레들을 다 잡아 먹으라고 부탁했습니다. 그해에는 나뭇잎이 아주 싱싱하게 우거졌습니다.

　그런데 다음해 봄에 큰 문제가 생겼습니다. 꽃이 피었는데 나비가 한 마리도 날아오지 않는 것입니다. 쐐기벌레가 다 죽은 탓이었습니다. 나비가 오지 않자 열매도 맺지 않았습니다.

　그 이듬해, 잎사귀들은 서로 싸우지 않았고 쐐기벌레가 숨으면 새들에게 일러바치지도 않았습니다. 다음해 봄, 활짝 핀 동산에 호랑나비들이 날아들었습니다. 나뭇잎은 우거지고 싱싱했으며 탐스러운 열매가 주렁주렁 열렸습니다.

> 같이 * 가치

"우리에게는 친구가 없다. 우리에게는 이익이 있을 뿐이다." 한때 프랑스의 대통령을 지낸 드골 Charles De Gaulle 이 한 말입니다. 이 말에는 국가 사이의 관계를 결정하는 현실 정치의 냉혹함이 담겨 있습니다. 그런데 이 말이 '생태학적으로 건강한 삶'을 무너뜨리는 또 다른 의미로 우리에게 다가오지 않습니까?

나라도 그렇고 사회도 그렇고 우리 몸도 그렇지만, 다들 서로가 서로에게 기대고 살아갑니다. 언뜻 아무짝에도 쓸모없이 보이는 것도 뜻밖에 큰일을 하는 것이 종종 있습니다. 흔히 우리 몸에서 맹장 하면 있어도 없어도 무방하다고들 하지만, 이 맹장조차 떼어 내면 비행을 할 때 고소 공포증을 심하게 겪는다고 합니다.

서로가 서로를 인정하고 부축하는 생태학적 삶을 생태계 전체로 확대하여 봅시다. 그러면 보잘것없는 나무 한 그루가 우리에게 '맹장'일 수도 있다는 생각이 절로 들 것입니다.

*Story*doing*

세균은 우리 몸에 해로운 '유해균'과 우리 몸에 이로운 '유익균',
그리고 아무런 영향을 주지 않는 '무해균'으로 나눌 수 있습니다.
그런데 유해균조차 적당히 있는 것이 면역력을 높여 준대요.
사람 사는 세상도 그런 게 아닐까요?

## 이 세상은
## 못생긴 것들이 있어서 아름다운 법이란다.

나는 미운 돌멩이랍니다. 돌멩이들 가운데도 모양이 예쁘고 색깔이 고운 돌멩이가 있습니다만, 나는 아무런 특징도 없고, 색깔도 없는, 어디에서나 볼 수 있고 아무렇게나 굴러다니는 흔해빠진 돌멩이랍니다.

돌멩이로 태어나 모양이 예쁜들 무엇 하겠느냐고 생각하는 분들도 있겠습니다만, 그렇지 않습니다. 내가 이리저리 굴러다니다가 지금 자리 잡고 있는 이 개울에서만 해도, 벌써 여러 돌멩이들이 놀러 나온 사람들의 눈에 띄어 그들의 주머니 속으로 들어갔거나 배낭에 담겨 먼 곳으로 갔습니다.

"야, 이 돌멩이 좀 봐. 아기사슴같이 생겼어!" 착하게 생긴 계집아이가 이렇게 소리 지르며 내 옆에 있던 돌멩이를 집어 드는 것을 보았을 때, 나의 가슴은 저리도록 아팠습니다. 왜 사람들은 예쁘고 고운 돌멩이만 좋아할까요? 생각하면 야속하기조차 합니다만 어쩔 수 없는 일입니다.

고작 내가 할 수 있는 일이란, 못생긴 자신을 서러워하면서 이른 새벽이나 늦은 밤에 남모르게 눈물짓는 것뿐입니다. 돌멩이가 어떻게 우느냐고요? 궁금하신 분은 이른 새벽, 아직 해가 떠오르기 전에 안개 낀 개울가로 나와 보십시오. 사람들의 눈길을 끌지 못하여 외롭고 슬픈 돌멩이들마다 이슬방울처럼 맺혀 있는 차가운 눈물을 볼 수 있을 것입니다.

"왜 사람들은 예쁜 돌멩이만 좋아할까요?" 어느 날 나는 내 위를 스쳐 가는 하늬바람에게 물었습니다. "그 돌멩이로 자기 방을 아름답게 꾸미기 위해서지." 가던 길을 잠시 멈추고 하늬바람은 대답해 주었습니다. "너도 사람들이 데리고 가 줬으면 좋겠지?" 하늬바람이 내 마음속을 너무나도 빤히 들여다보았으므로 나는 더욱 슬퍼졌습니다.

"그러나 슬퍼하지 마라. 사람들이 가지고 간 돌멩이는 겨우 한 칸 방을 꾸미지만, 너희는 이 지구를 아름답게 꾸미고 있지 않느냐? 하느님이 지으신 이 세상은 너희같이 못생긴 것들이 있어서 아름다운 법이란다!"

**같이 * 가치**

새벽마다 동네를 청소하는 아저씨 한 분이 항상 웃고 일을 하기에 한 사람이 물었습니다. "아니, 아저씨는 날마다 하는 일이 지겹지도 않아서 그렇게 웃고 계십니까?" 그러자 그는 이렇게 대답했습니다. "나는 지구의 한 귀퉁이를 깨끗하게 치우는 일을 하고 있거든요."

자기 집의 아름다운 정원을 가꾸는 일도 소중합니다. 하지만 아름다운 지구를 가꾸는 일은 더욱 소중합니다. 그것이 생태학적 삶의 출발점입니다.

*Story✽doing*

왜 하느님께서는 이 세상을 아름다운 장미로만 채워 놓지 않으셨을까요?
왜 하느님께서는 '나와 같은 돌멩이'를 만들어 놓으셨을까요?

## 그것은 결코
## 나비가 아니었습니다.

한 아이가 있었습니다. 그 아이는 나비가 되기를 기다리고 있는 애벌레 고치를 발견하여 집으로 가져왔습니다.

"아버지, 고치가 나비가 되려면 무엇이 필요한가요?"

"따뜻한 기운이 있어야 나비의 날개가 돋아날 수 있단다."

아이는 나비가 빨리 보고 싶었습니다. 나비의 아름다운 날개를 보면 행복을 느낄 수 있을 것 같았습니다. 아이는 날마다 고치를 향해 따뜻한 입김을 불어넣었습니다. '나비야, 빨리 자라거라' 기원하면서 말입니다.

시간이 흘렀습니다. 고치는 점점 세상을 향해 자기의 문을 열었습니다. 그러던 어느 날, 드디어 고치가 벌어지고 한 마리의 나비가 세상으로 나오는 듯했습니다. 다른 고치가 나비가 된 시간에 비해 무척 빨리 나비가 된 것입니다. 아이는 기뻤습니다.

'야, 내가 따뜻한 입김을 불어넣었기 때문이구나.'

그런데 이게 웬일입니까? 나비의 형체는 갖추어졌지만, 그것은 결코 나비가 아니었습니다. 애벌레에 병든 날개가 달려 있는 모습이었습니다.

아이는 울었습니다. 오랜 시간 따뜻한 정성을 쏟았음에도 불구하고 병든 나비가 나오다니 아이는 어쩔 줄을 몰랐습니다. 그 나비는 날지도 못했습니다. 그뿐 아니었습니다. 얼마 살지도 못하고 죽어 버렸습니다.

## 같이 가치

아름다운 꽃을 빨리 보고 싶어서 사철 따뜻한 방 안에서 진달래를 정성을 다해 돌보는 사람이 있었습니다. 그런데 잎만 무성할 뿐, 아름다운 꽃은 머금지도 않았습니다. 그런데 우연히 찾아온 친구가 나무를 보고는 혼잣말처럼 말했습니다. "나무는 무성하지만 꽃은 못 보겠는데. 진달래는 추위를 겪어야 꽃을 피우거든." 이 말을 듣고 혹시나 하는 생각이 들어서 그해 겨울은 진달래를 밖으로 내놓았습니다. 그랬더니 이듬해 봄, 진달래는 예쁜 꽃을 아름답게 피웠습니다.

그렇습니다. 찬바람이 산 능선을 넘나드는 이른 봄에 풍성하게 핀 진달래꽃은 하나같이 추운 겨울바람과 눈보라로 단련된 것입니다. 이렇듯 진달래는 봄기운을 느끼기 전의 그 한기 속에서 피어납니다. 우리가 거슬러서는 안 되는 자연의 섭리를 억지로 거스를 때 자연은 병들고, 자연 속의 인간도 제 자리를 잃어버리고 병든 채 자연으로부터 버림받습니다.

### Story*doing

옛날 어떤 농부가 곡식의 싹이 더디 자라자 어떻게 하면 빨리 자랄까 궁리하다가 싹의 목을 뽑아 주었습니다. 그러고는 집에 돌아와 아내에게 말했습니다. "내가 싹이 자라는 걸 도와주고 왔소." 그 싹은 어떻게 되었을까요?

## 저는 하나씩
## 감옥을 빠져나가고 있는 중입니다.

한 사내가 감옥에 들어왔습니다. 이튿날 사내는 이가 아프다고 해서 이를 뺐습니다. 며칠 후 그는 다시 맹장이 아프다고 해서 맹장을 수술했습니다. 그리고 다시 며칠 후 그는 편도선이 아프다고 해서 편도선 제거 수술을 받았습니다.

그러던 어느 날 같은 감옥 안의 죄수가 물었습니다.
"왜 견딜 만한데 그렇게 수술을 받습니까?"
"아, 예. 저는 하나씩 감옥을 빠져나가고 있는 중입니다."

탈옥 중이라는 것이었습니다.

### 같이 ♥ 가치

오늘날 환경 문제는 인간이 자연을 바라보는 관점과 연관되어 있습니다. 일반적으로 자연을 보는 관점은, 자연을 하나의 거대한 기계로 보는 기계론적 관점과 하나의 유기적 생명체로 보는 유기체적 관점으로 크게 나뉩니다.

'기계론적 자연관'은, 자연은 마치 시계태엽처럼 정교하게 움직이는 기계에 지나지 않는다고 생각합니다. 이 기계의 작동 과정은 수학과 실험을 통해 충분히 알 수 있고, 그 결과는 예측할 수 있으며, 한발 더 나아가 인간이 조절할 수 있다는 관점입니다. 인간은 자연을 조절할 수 있기 때문에, 설사 환경이 파괴된다 하더라도 오염 방지를 위한 과학 기술의 힘으로 얼마든지 문제를 해결할 수 있다고 여깁니다.

이에 비해 '유기체적 자연관'은 자연을 하나의 생명체로 봅니다. 즉, 인간을 포함하여 자연을 이루는 모든 요소들이, 마치 생명체의 각 기관이 각자의 자율성을 유지하면서도 긴밀하게 연관되어 있듯이, 하나의 유기적인 전체를 이루고 있다고 보는 관점입니다. 따라서 인간이 자연 생태계의 어떤 연결 고리에라도 직접 또는 간접으로 심각한 위협을 가하는 경우, 그 결과는 반드시 인간에게 돌아오게 됨을 역설합니다.

이야기 중에서 사내 몸의 각 부분이 하나씩 제거 수술을 받아 밖으로 나가 다시 모여졌다 한들, 그 사내가 원래의 몸으로 살아갈 수 있을까요? 결코 그럴 수 없습니다. 생명체에서 하나의 부분은 다른 많은 부분과 유기적인 관련을 맺고 있어야 비로소 그 존재의 의미를 갖습니다. 단순히 부분이 모이면 전체가 되는 것이 아니라, 그 부분들이 유기적인 관련의 총화로 하나가 되어야 비로소 살아 있는 생명체가 되는 것입니다.

*Story doing*

건축 설계는 서로 다른 부분을 전체의 질서로 묶어 내는 일입니다. 부분은 전체 속에 머물지만, 때로 부분이 전체의 흐름을 바꾸어 놓기도 합니다. 여러분은 어떤 '전체 속에 부분'이며 어떤 '부분으로 이루어진 전체'인가요?

## 목숨이 아까우면 서두르란 말이야!

'지급至急'이라는 말은, 영국이 헨리 8세의 통치 아래 있을 때부터 사용되어 왔습니다. 당시 영국에서 우편배달부는 도시마다 있는 특정 장소에서 우편배달용 말을 갈아타고 우편물을 배달했습니다. 그런데 편지에 '지급'이라는 도장이 찍혀 있으면, 그것은 '목숨을 걸고 달리라'는 명령으로 받아들여야 했습니다.

따라서 만약 우편배달부가 길에서 지체하다가 붙잡히면 그는 사형을 당하기까지 했습니다. 16세기 편지에 붙어 있는 우표에, 종종 우편배달부가 교수대에 매달려 있는 그림이 그려져 있는 것도 이 때문입니다. 500년이 지난 지금도 그 그림은 다음과 같은 말을 떠올리게 하고 있습니다.

"서둘러! 지급이야! 목숨이 아까우면 서두르란 말이야!"

어떤 사람이 깊은 우물에 빠졌는데, 간신히 나뭇가지 하나를 붙들었습니다. 그때 쥐 한 마리가 나타나 나무의 밑둥치를 갉아먹기 시작했습니다. 아래를 내려다보니 커다란 구렁이가 혀를 날름거리고 있습니다. 그런데 그는 마침 어디선가 떨어지는 꿀물에 정신을 빼앗긴 채 자기가 어떤 처지에 놓여 있는지를 잊어버리게 되었습니다.

여기에서 '꿀물'은 당연히 물질문명의 혜택입니다. 한마디로 '돈맛'입니다. 돈맛에 빠진 인간은 도무지 사방팔방을 돌아볼 능력을 잃어버렸습니다. 그저 돈이면 다 된다며, 무슨 짓이라도 저지르며, 무슨 짓이라도 합리화합니다. 동물도 식물도 하늘도 땅도 아무것도 눈에 들어오지 않습니다. 목숨이 경각에 달려 있는데도 말입니다.

지구의 나이를 30일 정도라고 가정한다면 사람은 언제쯤 생겨났을까 한번 계산해 봅시다. 여기서 1일은 약 1억 5천만 년이 되고, 사람이 나타난 것은 약 15분 전입니다. 그런데 불과 15분 전에 나타난 인간이 1억 5천만 년 동안 아무 일 없었던 지구를 몹시 망가뜨려 놓았습니다.

지금처럼 파괴된 지구를 모든 생물들이 살아가기에 알맞은 안정된 생태계로 바꾸려면 앞으로 50만 년 동안 갖가지 순환을 거쳐야 한다고 하는데, 지금도 지구는 여전히 파괴되고 있습니다. 그래서 지구의 미래를 걱정하는 환경론자들은 생태학적 관점에 서서 이른바 '신의 피조물 사이의 민주화'를 주장하며 이렇게 외치고 있습니다.

"서둘러! 지금이야! 목숨이 아까우면 서두르란 말이야!"

*Story\*doing*

2018년 여름은 정말 무더웠습니다. 폭염과 열대야가 지속되는 원인은 크게 고기압으로 인한 '열돔 현상'과 태풍으로 인한 '복사냉각 차단'으로 볼 수 있답니다. 그런데 보다 근본적인 원인은 무엇일까요?

## 바로 이거야,
## 천천히 온도를 높이는 것!

어릴 때 시골에서 겪은 일입니다. 개구리를 잡아 삶아서 닭 모이로 주기도 하고 돼지 먹이로 넣어 주기도 하던 시절입니다. 그때 짓궂은 아이들은 개구리 뒷다리를 구워서 먹기도 했는데 맛있다기보다는 좀 징그러웠습니다.

그날도 개구리를 잔뜩 잡아와서 솥에다 푹푹 삶고 있었습니다. 그런데 갑자기 나타난 동생이 개구리 한 마리를 산 채로 끓는 물에 던져 넣었습니다. 그랬더니 개구리는 개굴개굴 하며 바로 뛰쳐나왔습니다. 또 한 마리를 넣었더니 그놈은 빠져나오지 못하고 고통스러운 울음소리를 내다 죽었습니다.

그러자 동생은 조금 장난 섞인 일을 벌였습니다. 처음에는 개구리를 차가운 물속에 넣고 그대로 두었습니다. 개구리는 별다른 반응 없이 헤엄을 쳤습니다. 이것을 보며 동생은 개구리가 담긴 솥에 불을 지폈습니다. 물의 온도를 조금씩 올리기 시작했습니다. 그런데도 개구리는 아무런 소동을 부리지 않았습니다. 유유히 헤엄을 치다 어느 순간 동작이 느려지더니, 천천히 죽어 가는 것이었습니다.

그때 동생은 소리쳤습니다.

"바로 이거야, 천천히 온도를 높이는 것!"

그 순간 나는 어떤 두려움이 몰려와 몸을 떨었습니다. 자신도 개구리처럼 물에 빠져 알지도 못하는 사이에 천천히 죽어 가고 있는지도 모른다는 생각이 들었기 때문입니다.

같이*가치

개구리를 넣은 물을 매초 0.0036℉의 비율로 데우면 개구리가 단 한 번의 저항도 없이 2시간 반 후에는 죽어 버린다는 사실이 실험에 의해 밝혀졌습니다.

그런데 인간 세계에서도 비슷한 일이 벌어지고 있습니다. 지구 온도가 점점 올라가는데도 지구인들은 별다른 저항도 없이 살아가고 있습니다. 개구리는 짓궂은 인간이 지핀 불에 죽어 가는데, 인간은 스스로 화석 연료로 불을 지펴서 자기가 사는 지구 온도를 서서히 올리며 죽어 가고 있습니다.

대기 중의 수증기와 이산화탄소 등이 온실의 유리처럼 작용하여 지구 표면의 온도를 일정하게 유지해야 인간은 살 수 있습니다. 만약 이 같은 온실 효과가 없다면, 지상의 온도는 영하 20℃ 정도까지 떨어져 거의 모든 생명체가 죽을 수밖에 없습니다. 따라서 온실 효과는 필요합니다. 문제는 지구가 적정 온도 이상으로 높아지는 데 있습니다. 지구 온난화, 그것은 재앙입니다.

*Story*doing*

대기 중 이산화탄소 농도가 산업혁명 당시에는 275ppm이었는데 이제는 400ppm을 넘어섰습니다.
'냄비 속 개구리'는 어떤 행동을 취해야 할까요?

열달 **10월**

'존재와 시간'이 같이 사는 달

## 지구의 무게엔 사람들의 몸무게가 포함되어 있나요?

한 학생이 갑자기 선생님에게 질문을 하였습니다. "지구의 무게는 얼마나 됩니까?" 대답이 궁해진 선생님은 다음과 같이 슬쩍 위기를 모면하였습니다. "그것 참 흥미로운 질문이구나. 누가 내일까지 답을 알아 오나 보기로 하자."

그날 저녁 선생님은 인터넷을 검색하여 지구의 무게를 알아냈습니다. 다음 날 누가 답을 말할 수 있는지 물어 보았으나, 선뜻 손을 드는 아이가 없었습니다. 선생님은 조사해 온 답을 정확하게 말했습니다.

그랬더니 그 학생이 손을 들고 다시 질문을 하였습니다. "지구의 무게엔 사람들의 몸무게가 포함되어 있나요?" 그러자 선생님은 이렇게 대답했습니다. "여러분, 사실 지구상의 50억 인구의 체중은, $6 \times 10^{21}$톤이나 되는 지구의 무게와 비교해 볼 때 상대적으로 무시할 수 있는 수치입니다. 거대한 바닷가 백사장에 모래 한 알을 보태는 정도에 지나지 않기 때문입니다."

**같이 가치**

이런 지구도 우주에 비해서는 바닷가의 모래알 하나와 같다고 합니다. 무한無限에 1을 더한다고 무슨 차이가 나겠습니까? 그런데 '우주'라는 단어에는 공간과 시간이란 두 측면이 다 포함되어 있습니다. 동서남북과 상하의 공간을 가리켜 우宇라하고 과거·현재·미래의 시간을 가리켜 주宙라 합니다. 오늘은 우리의 상상력을 무한한 우주로 뻗어가게 해 봅시다.

지난 2003년, 미항공우주국NASA은 우주가 무한하다는 것을 처음으로 인정하였습니다. 미항공우주국에서 우주 전파 망원경으로 우주 곳곳의 전파의 퍼짐과 반사 등을 연구한 끝에 우주가 무한하다는 증거를 발견한 것입니다. 그 동안에는 빅뱅 이론 등 유한 우주론이 대세였는데, 이제는 그 증거가 조금씩 나오면서 무한 우주론이 자리 잡아 가고 있습니다.

무한 우주론은 요즘 과학자들 사이에 평행 우주론으로 연구가 되고 있습니다. 이 평행 우주론이 재미있는 것은 지금 우리가 생각하는 우주는 전체 우주의 일부이며, 세상에는 수많은 우주가 있다는 것입니다. 최근에는 초끈 이론 Super-string theory, 우주를 구성하는 최소 단위를 끊임없이 진동하는 끈으로 보고 원리를 밝히려는 이론 이 나와서, 1차원의 진동을 가진 초끈이 모든 만물을 연결해 주고 존재하게 해 준다고 말하기까지 합니다.

이같이 무한한 우주에 비해 너무 보잘것없고 유한한 인간이 그래도 저 거대한 우주보다 위대한 것은, 시간과 공간을 뛰어넘는 인문학적 상상력 때문이 아닐까 하는 생각이 문득 듭니다. 나만의 생각일까요?

*Story*doing*

무한대Infinity는 어떤 실수나 자연수보다도 더 큰 상태입니다. 기호로는 '∞'을 쓰지요. 이처럼 무한대는 수가 아니라 상태를 가리키는데, 자, 여러분이 생각하는 무한대의 세계로 저를 데리고 가 주세요.

# 자네는
# 시간의 가치를 모르는군.

스승이 제자와 어느 다리에서 만날 약속을 하였습니다. 비가 쏟아져서 조금 늦게 제자가 도착하였는데, 스승은 벌써 와 있었습니다. 스승은 손목시계를 보면서 꾸중을 하였습니다.

"5분 지각이야."

"5분밖에 늦지 않았는데요."

"5분밖에 늦지 않았다고? 그 동안 비가 쏟아졌다면 다리에 있던 나는 어찌 되었을지 모르지 않은가?"

스승은 야단을 쳤습니다.

그 뒤 제자는 스승과 또 만날 약속을 했습니다. 제자는 스승을 꺾으려고 이번에는 빨리 나갔습니다. 과연 스승은 그 뒤에 왔습니다.

"어떻습니까? 제가 5분 빨리 왔습니다."

제자의 말을 듣고 스승은 씁쓰레한 얼굴로 이렇게 말했습니다.

"자네는 시간의 가치를 모르는군. 나는 꼭 그 시각에 왔네. 5분을 낭비한다는 것이 아깝지도 않은가?"

**같이 • 가치**

　　의과 대학에서 강의를 하던 교수가 극약의 이름을 대면서 학생들에게 질문을 했습니다.

　　"이 치료를 하면서 사용할 적정량은?"

　　그러자 한 학생이 즉석에서 대답했습니다.

　　"1그램입니다."

　　교수는 아무 말 없이 수업을 계속해 나갔습니다. 몇 분이 지났습니다. 아까 그 대답을 한 학생은 자신이 실수하였음을 깨닫고 다시 말했습니다.

　　"교수님, 교수님의 질문에 대한 저의 대답을 바꾸고 싶습니다."

　　그러자 교수는 시계를 보며 간단히 대꾸하였습니다.

　　"너무 늦었네. 자네 환자는 15분 전에 이미 죽었어."

　　오래 사는 것은 시간을 알차게 보내는 것이라고 합니다. 하루를 열흘로 사는 사람도 있고 열흘을 하루로 사는 사람도 있습니다. 그래서 일일일생一日一生이라고도 합니다. 하루를 평생처럼 살아야 한다는 뜻입니다. 도대체 인간에게 '시간'은 어떤 의미를 지니고 있을까요?

## Story＊doing

　　"모든 죄악의 근원은 성급함과 게으름이다."
　　프란츠 카프카 Franz Kafka의 말입니다.
　　나에게 '성급함'은 무엇이고, '게으름'은 또 무엇입니까?

## 그러나 하루살이는
## 도무지 이해할 수 없었습니다.

하루살이와 메뚜기가 함께 놀았습니다.

저녁때가 되자 메뚜기는 "오늘은 그만 놀고 내일 또 놀자." 하고 말했습니다. 그러자 하루살이는 "메뚜기야, 내일이 뭐니?" 하고 물었습니다. 메뚜기는 내일이란 캄캄한 밤이 지나면 다시 오늘과 같이 밝은 날이 오는데, 그것이 바로 내일이라고 일러 주었습니다. 그러나 하루살이는 도무지 이해할 수가 없었습니다.

메뚜기와 개구리가 놀았습니다.

개구리는 메뚜기에게 "얘, 그만 놀자. 날씨가 추워지니 내년에나 만나자." 하고 말했습니다. 그러나 메뚜기는 내년이 무엇인지 알지 못했습니다. 개구리는 아무리 내년을 설명해도 메뚜기는 이해할 수가 없었습니다. 눈이 오고, 얼음이 얼고, 다시 봄이 온다고 말했으나 메뚜기는 통 알아듣지를 못했습니다.

### 같이 * 가치

하루살이는 밤이 무엇인지 모릅니다. 그러나 이 세계에는 밤이 존재합니다. 하루살이가 알지 못한다고 밤이 존재하지 않는 것은 아닙니다. 마찬가지로 메뚜기는 겨울을 알지 못하지만, 이 세계에는 겨울이 틀림없이 존재합니다. 하루살이가 밤의 존재를 부인한다고 해서 세상에 밤이 없는 것이 아니듯, 메뚜기가 겨울을 알지 못한다고 하여 겨울이 존재하지 않는 것은 아닙니다.

인간도 영원을 모릅니다. 그러나 우주가 그러하듯 영원은 존재합니다. 현재라는 순간에 사는 우리가 영원이 존재하지 않는다고 우겨도, 존재하는 영원이 사라지는 것은 아닙니다. 인간은 현재라는 순간의 시간을 빌려 어떤 일을 매듭짓는 존재이고, 그렇게 매듭을 지으며 영원으로 이어지는 그런 존재입니다. 그렇게 되려면 보이는 것만 보지 말고 보이지 않는 것도 볼 줄 아는 능력을 길러야 합니다.

「히브리서」 11장을 보면, "믿음은 바라는 것들의 실상이요 보지 못하는 것들의 증거"라는 구절이 나옵니다. 논리적으로 따지면 '바라는 것'은 허상인데 그것이 실상이라니, 말이 안 됩니다. 하지만 보이지 않는 것을 보는 것이 믿음입니다. '보지 못하는 것' 또한 분명히 내놓을 수 없는 증거이지만, 그것을 보이는 증거라고 당당히 내놓을 수 있는 것이 믿음입니다.

그런데 말입니다. 다 자란 하루살이라도 입과 위가 없답니다. 왜냐하면, 수명이 너무 짧아 그것들이 필요 없기 때문이랍니다. 나에게는 내일을 살 수 있는 '입과 위'가 있습니까? 나는 영원으로 이어질 만한 '그릇'입니까?

*Story\*doing*

인간은 하루살이에 지나지 않은데, 너무 많은 '입'과 너무 많은 '위'가 있습니다.
우리는 그 입으로 무엇을 삼키며 그 위에 무엇을 담고 있습니까?

# 현재만이
# 유일한 현실이다.

제자가 물었습니다.
"누가 성인입니까?"

스승이 대답했습니다.
"'찰나'마다 온전히 현재에 있을 수 있는 사람이 성인이다."

그 제자가 적에게 사로잡혀 옥에 갇혔습니다. 그는 밤에 잠을 이루지 못했습니다. 다음날이면 틀림없이 혹독한 고문을 당하리라는 생각을 떨칠 수가 없었기 때문입니다.

그러다가 문득 스승의 말씀이 떠올랐습니다.
"내일은 현실이 아니다. 현재만이 유일한 현실이다."

그리하여 그는 현재에 이르렀습니다. 그리고 잠이 들었습니다.

같이 * 가치

엄목포작掩目捕雀이라는 한자 성어가 있습니다. 말 그대로 '눈을 가리고 참새를 잡는다'는 뜻입니다. 참새가 조그맣다고 참새를 우습게 여겨 눈을 감고도 잡을 수 있을 것으로 생각하지만, 실제로는 그렇게 되지 않습니다. 온 정성을 다하여야 참새를 잡을 수 있습니다. 그래서 이 말은 아무리 사소한 일이라 하더라도 그것을 이루기 위해서는 순간마다 성실히 임해야 한다는 가르침으로 다가옵니다.

고리키 Maxim Gorky 는 이렇게 말했습니다. "세상에서 가장 빠르면서도 가장 늦으며, 가장 길면서도 가장 짧으며, 가장 평범하면서도 가장 귀중하며, 가장 소홀히 여기기 쉬우면서도 가장 후회하기 쉬운 것이 바로 시간이다." 이것은 그의 생활 경험이 총체적으로 담겨 있는 말입니다. 공상은 생각의 낭비가 아니라 시간의 낭비입니다. 현재에 살지 않는 것은 시간을 낭비하는 것이고, 이는 곧 생명을 낭비하는 것입니다.

우리의 노력과 수고가 빈 바구니와 초라한 성적표로 끝나지 않으려면, 카르페 비타 Carpe Vita 의 눈으로 현재를 충만하게 살아야 합니다. 카르페 비타는 현재의 시간을 놓치지 말고 즐기는 것을 말하는 카르페 디엠 Carpe Diem 의 차원을 넘어서서, 현재의 시간에서 생명을 붙잡는 것을 의미하는 라틴 어입니다. 생명을 선택한다는 것이 무엇일까 깊이 생각하면서, 나는 과연 현재를 어떻게 살고 있는가 생각해 봅시다.

*Story＊doing*

"현재만이 유일한 진실이며 현실이다."라고 쇼펜하우어가 말했습니다. 현재는 사실로 가득 차 있는 '시간'으로 우리의 '존재'는 그 속에 한정되어 있습니다. '과거에 대한 후회'나 '미래에 대한 걱정'으로 '새롭게 맞이한 현재'를 엉망으로 만들어야 되겠습니까?

## 나는 살아 있는 동안에도
## 주기 때문일 거야.

한 부자가 말했습니다.

"왜 사람들은 내가 죽은 다음에 나의 모든 재산을 자선 단체에 기부하기로 결정한 것을 다 알면서도, 언제나 나를 인색하다고 비난합니까?"

"글쎄요."

잠시 생각에 잠겨 있던 스승이 말을 이어 나갔습니다.

"돼지와 젖소에 대해 이야기해 드리겠습니다. 돼지가 어느 날 젖소에게, 자기는 정말 인기가 없다고 한탄하였답니다. '사람들은 항상 너의 온순함과 친절함만 이야기한다.' 하고 돼지가 불평을 늘어놓았습니다. '너는 우유와 크림을 주지만, 나는 더욱 많이 준다. 나는 베이컨과 햄을 주고 털도 준다. 그들은 심지어 내 발을 소금에 절여 먹기도 한다. 그런데도 아무도 나를 좋아하지 않는다. 나는 언제나 인기 없는 돼지일 뿐이다. 왜 그럴까?' 젖소는 잠시 생각하다 이렇게 말했답니다. '글쎄, 아마 나는 살아 있는 동안에도 주기 때문일 거야.'"

## 같이 * 가치

"어떻게 하면 영원한 삶을 누릴 수 있습니까?"

"영원한 삶은 지금이다. 현재로 들어오너라."

"하지만 저는 지금 현재에 있지 않습니까?"

"아니다."

"왜 아닙니까?"

"너는 다가오지 않은 미래에 가 있기 때문이다."

"왜 미래를 생각하는 것이 그릅니까? 꿈을 가져서는 안 된단 말입니까?"

"과거가 죽은 것이기 때문에 떨쳐야 하듯, 미래는 아직 다가오지 않은 것이기 때문에 거기에만 머물러서는 안 된다."

이 이야기는 '현재'에 살아야 된다는 말의 중요성을 가르치고 있습니다. 흔히 청소년은 '내일의 주인공'이라고들 하는데, 아닙니다. 청소년은 '오늘의 주인공'이고, 또 다가오는 내일이 오늘이 될 때 다시 그 오늘의 주인공이기도 합니다. 내일부터 이렇게 저렇게 해 주겠다고 하지 말고 바로 '오늘'부터 그렇게 해 주어야 합니다. 오늘 일은 오늘 하고, 내일 일은 또 오늘이 된 그날 하게 해 주어야 합니다.

### Story*doing

보잘 것 없는 물건도 살아서 주면 소중한 선물이 되지만,
아무리 좋은 물건이라도 죽어서 남기면 유품이 되어 불태워집니다.
우리는 날마다 '죽음을 앞둔 사람'이어야 하지 않을까요?

# 저야 이곳에선
# 그저 지나가는 길손인 걸요.

　미국에서 온 관광객이 위대하다고 알려진 한 스승을 찾아갔습니다. 그런데 스승의 집에는 단칸방에 고작 책만 몇 권 있었습니다. 가구라고는 탁자 하나에 긴 의자 하나뿐이었습니다. 이를 본 그는 자못 의외라고 생각하였습니다.

"스승님, 가구는 다 어디 있지요?"

"당신 것은 어디 있소?"

"저의 것이라뇨? 아, 저야 이곳에선 그저 지나가는 길손인 걸요."

"나도 그렇소."

　에리히 프롬 Erich P. Fromm 의 방식대로 말하자면 '소유의 노예가 될 것인가? 존재의 주인이 될 것인가?' 이것이 문제인 시대에 우리는 살고 있습니다. 우리 삶의 목표는 더 많이 소유하는 데 있지 않고, 훌륭하게 존재하는 데 맞추어져 있어야 하는데, 현실은 전혀 그렇지 않습니다.

그렇다고 소유가 전혀 의미 없다고 하는 것은 아닙니다. 소유가 진가를 발휘하는 때는 인간의 삶을 유지하고 증진시키는 데에 그것이 사용되는 경우에 한해서입니다. 그런데 한 사람이 하루를 살아가는 데에 필요한 것은 그렇게 많지 않습니다. 들숨날숨에 필요한 공기 약 15㎥, 마실 물 약 3ℓ, 그리고 1.5kg 정도의 음식물과 생활필수품 약간이면 됩니다. 그 밖에 집과 자동차 등 기초적인 것이 있으면 더욱 좋겠지만 말입니다.

그런데 기본적인 생활로도 만족하며 풍요롭게 살아가는 사람이 있는가 하면, 더 많은 소비를 위해 안달하여 많은 것을 가졌으면서도 마음의 빈곤에 시달리는 사람이 있습니다. 일찍이 마르크스 Karl H. Marx 는 "우리는 많이 소유하는 것이 아니라 풍요롭게 존재하는 것을 목표로 해야 한다."라고 말했습니다. 그러나 이미 소유에 익숙해진 우리에게 소유의 삶에서 존재의 삶으로 넘어간다는 것은 그리 쉬운 일이 아닙니다.

"책상 하나와 의자 하나, 과일 한 접시, 그리고 바이올린. 사람이 행복해지기 위해 이외에 무엇이 더 필요한가?" 아인슈타인의 이 말을 되새기면서 소유의 삶에서 존재의 삶으로 옮겨가는 방법에 대해 생각해 봅시다. 우리 사회 전체가 말입니다.

*Story\*doing*

'소유의 노예가 될 것인가? 존재의 주인이 될 것인가?' 하는 문제는 기본 소득이 전제되어야 가능한 고민이 아닐까요? 당장 먹고살기가 힘들어 힘겹게 살아가고 있는 이들에게 이 말은 또 다른 고문이 아닐까요?

## 플라스틱 꽃만이
## 죽는 법이 없다.

스승의 임종이 다가왔을 때, 제자들은 풀이 죽어 있었습니다.

스승이 미소를 지으며 말했습니다.

"너희는 죽음이 삶에 사랑스러움을 부여한다는 것을 모르느냐?"
"싫습니다. 우리는 선생님께서 돌아가시지 않는 것이 더 좋습니다."

제자의 말을 들은 스승은 이렇게 말했습니다.

"무엇이든 참으로 살아 있는 것은 죽어야 한다. 꽃들을 보아라. 플라스틱 꽃만이 죽는 법이 없다."

같이 * 가치

여명의 여신 오로라가 인간 청년 티토누스와 사랑에 빠졌습니다. 제우스는 오로라가 애인에게 주고 싶어 하는 어떠한 선물이라도 주기로 했습니다. 당연히 그녀는 애인이 영원히 살 수 있게 되기를 원했습니다. 그런데 그가 청년으로 살도록 해 달라는 말을 깜박 잊었습니다. 그래서 티토누스는 늙고, 꼬부랑 늙은이가 되었지만 죽지 않았습니다. 얼마나 저주스러운 선물입니까?

그런데 이 '저주스러운 선물'이 생명 공학이라는 이름으로 우리에게 다가오고 있습니다. 돼지 췌장에서 인슐린을 공급받고, 돼지 허파로 호흡하고, 인공 눈으로 세상을 보고, 복제를 통해 얻은 무릎 관절로 걸어 다니는, 일하지 않고 오직 숨만 쉬는 200세의 젊은이를 상상해 보십시오. 생명 공학은 '고통 없는 긴 삶'이 얼마나 고통스러운지에 대해서는 말하지 않습니다. '인간이란 무엇인가' 하는 존재론적 성찰도 없이 '영생'을 추구하는 생명 공학은, 그래서 '근거 없는 희망'일 뿐입니다.

우리는 우주도 생성과 소멸의 과정을 거듭하고, 거대한 문화도 일어났다 스러진다는 사실을 알고 있습니다. 죽고 난 다음에 한두 세대만 지나면 우리도 잊어질 것입니다. 그럼에도 불구하고, 우리가 '의미 있는' 삶을 살고자 하는 까닭은 무엇일까요? 물론 종교적인 사람은 신에 대한 의무감 때문이라고 말할지 모릅니다. 그렇지만 자신의 삶에 의무감을 느끼는 사람이라고 해서 모두 종교적인 것은 아닙니다.

중요한 것은 사람들이 덧없는 생명에도 불구하고, 삶과 자기 자신에 대해 가지는 '존중'의 태도입니다. 죽음은 비록 피할 수 없지만, 그러기에 삶은 더욱 소중한 것입니다. 따라서 유한한 삶에서 어떤 의미를 찾아내지 못한다면 우리는 결코 '인간다운' 삶을 살 수 없습니다.

*Story*doing*

위 없는 아래가 있을 수 없고 동쪽 없는 서쪽이 있을 수 없듯이,
죽음 없는 삶은 존재할 수 없습니다.
'나'는 '무엇'이 있어야 존재할 수 있는 삶일까요?

## 내 나이는
## 셀 수가 없느니라.

석가모니 부처님이 몸을 가지고 살아 계실 때입니다. 새로 온 제자 하나가 "부처님, 부처님의 연세는 올해 얼마나 되십니까?" 하고 물었습니다.

그런데 부처님께서는 대답은 하지 않으시고 도리어 그 제자에게 "너, 히말라야 산을 떡가루같이 가늘게 빻아 놓는다면 그 수효가 몇 개나 되겠느냐?" 하고 물었습니다.

그 제자는 그 수효가 몇 개나 될 것인지 잘 생각이 안 나서, "그것은 하늘의 별보다도, 갠지스 강의 모래보다도 더 많을 것이어서 헤아려 알 수가 없나이다." 하고 대답하였습니다.

그러자 부처님께서 다시 물었습니다. "우리가 쓰는 시간 단위 가운데 가장 긴 것이 겁劫이라는 것은 알고 있겠지? 이 세상의 시간 수로는 4억 3천 2백만 년이 되는 길이이다. 그 1겁이 지날 때마다 떡가루같이 가늘게 빻아 놓은 그 히말라야 산의 가루들을 하나씩 떨어뜨려 간다면 몇 년이 지나야 그 가루를 다 떨어뜨릴 수 있겠느냐?"

그러나 새로 온 제자는 이 시간 수도 너무나 엄청나게만 느껴질 뿐, 도무지 어떻게 답변할 요량이 서지 않았습니다. 그래서 그저, "모르겠사옵니다." 하고 대답할 수밖에 없었습니다.

이에 부처님은 이렇게 말씀하셨습니다. "히말라야 산을 망가뜨려 놓은 가루도 많고, 또 가루를 1겁에 하나씩 떨어뜨리자면 그 시간도 많이 걸리겠지. 하지만 그것은 한정이 있으므로 언젠가는 다 떨어뜨릴 수가 있을 것이다. 그렇지만 내 나이는 한정 없이 영원한 것이어서 셀 수가 없느니라."

### 같이 • 가치

물론 석가모니 부처님께서는 기원전 544년에 이 세상에서 육체를 가진 목숨을 끝마치셨습니다. 그때 육체의 나이는 겨우 80세였습니다. 그분이 "내 나이는 영원해 끝이 없다."라고 말씀하신 뜻은 육체를 가지고 사신 그 나이를 두고 그러신 것이 아니라, 그가 가르치신 자비로움의 정신이 끝나서는 안 되는 것임을 생각하고 말씀하신 것입니다.

그분이 이 세상에서 육체의 목숨을 벗으신 지 2500년이 훨씬 지났지만, 아직도 그분은 우리 삶 속에 자비로운 정신으로 살아 계십니다. 끝없는 미래에도 또한 그러실 것이라 짐작하고 있느니만큼, 우리가 생각하기에도 그분의 나이가 영원하다는 말씀은 충분히 이해가 갑니다.

### Story*doing

죽자마자 끝나는 생명도 있고, 죽어서 더욱 영원한 생명도 있습니다. 흔적도 없이 사라지는 것도 아름다울 수 있지만, 아름다운 흔적을 남기고 사라지는 삶도 아름다울 수 있습니다. 여러분은 어떤 삶을 살아가고 계시나요?

## 보름달은
## 과거는 있으나 미래가 없습니다.

왕의 명을 받고 한 사신이 이웃 나라에 갔습니다. 두 나라 사이에는 오랫동안 반목이 계속되고 있었으므로 왕은 매우 근심하고 있었습니다. 그래서 왕은 지혜로운 사신을 보내어 두 나라 사이의 오해를 풀고 서로의 이해를 도모하고자 하였습니다.

사신은 이웃 나라 왕에게 신임장을 제출하며 말했습니다.

"대왕께서는 보름달이십니다."

그가 이웃 나라 왕에게 보름달이라 했다는 소문이 널리 퍼져 자기 나라에까지 전해졌습니다. 그런데 그 사신은 자기 나라 왕에게는 언제나 초승달이라 말해 왔기 때문에, 사람들은 뒤에서 수군거렸습니다.

이 소문을 들은 왕은 매우 화가 났습니다. '초승달이라고? 그것은 이제 막 시작되는 초하루의 달이 아닌가? 초하루의 달은 구경조차도 할 수 없는 것, 초이틀에야 조금 볼 수 있는 그런 달이 아닌가? 그런데 뭐라고? 이웃 나라 왕은 보름달이라고?' 이는 왕에게 모욕이었습니다.

"그를 당장 소환하라!"

사신은 돌아오자마자 왕 앞으로 끌려왔습니다. 왕은 분노하며 그렇게 말한 연유를 따져 물었습니다. 이에 사신은 담담하게 이렇게 말했습니다.

"단순합니다. 보름달은 이미 끝났습니다. 보름달은 죽어 가고 있는 것입니다. 보름달은 과거는 있으나 미래가 없습니다. 그래서 저는 이웃 나라 왕에게 보름달이라고 말했습니다. 이웃 나라 왕의 위엄이 당장 보기에는 위대할지 모르지만 이미 죽어 가고 있습니다. 그러나 대왕이시여, 저는 대왕을 초승달이라고 해 왔습니다. 초승달은 미래가 있고 가능성이 있으며 성장하고 있기 때문입니다."

### 같이 • 가치

낡은 것이 새 것을 이긴 적이 있습니까? 아무리 어둠이 깊어도 어제의 밤은 오늘의 새벽을 이길 수 없습니다. 어떤 것이 과거에 매달릴 때 그것은 이미 낡은 것입니다. 미래가 있어야만 그 삶은 싱싱한 것입니다.

따라서 '삶의 진보'는 과거보다 현재가, 현재보다 다가올 미래가 나아진다는 말로 풀이할 수 있습니다. '낡은 것'보다 '새 것'에 우리가 희망을 거는 까닭이 여기에 있습니다. 낡은 것을 바꾸어 새 것으로 만든다는 환부작신換腐作新은 기억할 만한 한자 성어입니다.

### Story*doing

이 세상에서 '낡은 것'은 무엇이고 '새 것'은 무엇일까요?
'낡다'는 말은 '오래되어 헐고 너절하다, 뒤떨어져 새롭지 못하다'는 의미를 담고 있는데,
내 안의 '낡은 것'은 무엇이고 '새 것'은 무엇일까요?

## 그렇다면
## 당신은 이미 기적을 보았소이다.

기적이 일어나기를 바라는 한 젊은이가 있었습니다. 그는 날마다 기적을 일으키킨다는 도인을 찾아 나섰습니다. 젊은이는 묻고 또 물어 그 노인이 산다는 섬을 알아냈습니다.

그 섬으로 가는 배를 타기 위해 항구로 갔지만 바다에는 폭풍 경보가 내려져 있어, 하는 수 없이 배가 출항할 때까지 묵어갈 방을 얻었습니다. 손님이 많아 다른 사람과 같은 방을 써야 했습니다. 섬에 산다는 노인이었습니다.

젊은이는 답답했습니다. 낮잠을 한숨 늘어지게 자다가 노인을 찾아보니, 노인은 개울가에서 속옷이며 양말을 빨고 있었습니다. 이튿날에도 바다는 파도로 하얗게 덮여 있었습니다. 젊은이는 선술집에 가서 술을 마셨습니다. 술에 젖어서 돌아와 보니, 노인은 윗목의 씨고구마 동이에 물을 주고 있었습니다.

"그것은 주인네가 할 일이 아닙니까?"

"누가 하든 우리의 생명을 늘이는 일이지요."

사흘째 되는 날에야 폭풍 경보가 풀렸습니다. 바람이 자고 해가 높이 떠올랐습니다. 노인은 속옷을 바꾸어 입었습니다. 들창을 열어서 볕을 들였습니다. 씨고구마 동이에서 새순이 나왔습니다. 그러나 젊은이한테는 여전히 맛없는 하루였습니다. 어제와 다름없이 여전히 발에서는 고린내가 났고, 내장에서는 술 트림이 올라왔습니다.

여인숙을 나서면서 노인은 왜 섬에 가느냐고 물었고, 젊은이는 날마다 기적을 행하는 도인을 만나 기적을 확인하고 싶어서라고 대답했습니다. 그러자 노인은 이렇게 말했습니다.

"그렇다면 당신은 이미 기적을 보았소이다. 어디에서나 지금에 최선을 다하며 살면 그날이 곧 기적의 새 날이요, 그렇지 못하면 반복의 묵은 날입니다. 이번에 나와 함께 지낸 사흘이 당신이 보고자 한 그 도력의 전부이니 따로 볼 것이 없습니다. 그만 돌아가시구려."

### 같이 • 가치

이 젊은이가 바란 기적은 무엇이었을까요? 어제와 오늘이 같고 오늘과 내일이 같은 지루한 일상을 새롭게 만드는 기적, 땀 흘림도 고민도 없이 무엇인가가 단박에 이루어지는 기적을 그는 바랐습니다.

반면 노인의 모습을 봅시다. 바람이 부는 날 빨래를 하여 말리고, 생명을 키우는 일을 하며 하루하루 부지런히 살아갑니다. 같은 날인데 왜 '반복의 묵은 날'이 되기도 하고 '기적의 새 날'이 되기도 할까요?

### Story*doing

상식으로는 생각할 수 없는 아주 기이한 일을 '기적'이라고 합니다. 하지만 기적은 일어나지 않기 때문에 기적입니다. 앉아서 기적을 바라지 않고 땀 흘려 일하며 기적을 만들어 가는 삶을 어떻게 생각하십니까?

들겨울달 **11월**

'종교와 초월'이 같이 사는 달

**그랬더니
아들은 매일 아침 아버지를 찾아뵈었지.**

　스승에게 물었습니다. "하느님은 이스라엘 백성이 40년 동안 광야에서 생활하는 동안 단 한 번도 만나를 충분히 내려 주지 않으셨는데, 왜 그랬을까요?" 만나Manna는 모세가 이스라엘 민족을 이집트에서 구출하여 고국으로 돌아갈 때, 아라비아의 광야에서 하느님으로부터 받았다는 음식입니다.

　스승은 하나의 예를 들어 대답하였습니다.

　"옛날에 아들을 하나 둔 왕이 있었단다. 왕은 아들에게 일 년에 하루 날을 정해 필요한 돈을 넉넉히 주었지. 그랬더니 왕이 아들을 볼 수 있는 날은 일 년에 단 하루, 필요한 돈을 주는 그날뿐이었단다. 그래서 왕은 방법을 바꾸었지. 아들에게 그날 필요한 돈을 그날그날 지급하였어. 그랬더니 아들은 매일 아침 아버지를 찾아뵈었지. 항상 아버지와 가까이 있으면서 아들은 아버지의 끊임없는 사랑을 느낄 수도 있었고."

　스승은 이어서 말했습니다.

　"그렇게 하느님은 이스라엘 백성들을 다스렸고 우리도 다스리신다."

### 같이 * 가치

프랑스 영화에선가 본 장면입니다. 한 남자가 실패의 늪에 빠져 하느님께 따지고 있었습니다. "하느님, 저는 부활절과 성탄절 해서, 일 년에 두 차례나 교회에 나가는데 저에게 이런 시련을 주실 수 있습니까?" 아마 하느님은 웃고 계셨을 것입니다. 일 년에 한 번 필요한 용돈을 충분히 주고 마는 것은, 오랫동안 여행하려고 할 때 개밥을 잔뜩 퍼 주고 떠나는 사람의 심정과 무엇이 다르겠습니까?

성경에는 주 예수가 사람들에게 직접 가르쳐 준 '주기도문'이 실려 있습니다. 주기도문의 짧은 내용 안에 '일용할 양식'을 구하는 구절이 나옵니다. "오늘 우리에게 필요한 양식을 주소서"라는 이 기도는, 시간적으로는 현재에 관련되고 내용적으로는 몸을 지닌 생명체의 삶과 관련된 필수적인 문제입니다. 그런데 오늘날 우리가 사는 세상에서 드려지는 기도는 이와는 전혀 다릅니다. 그날그날 필요한 '일용할 양식'만을 구하지 않고 '일평생 먹고 살 양식'을 구하고 있기 때문입니다.

그리하여 오늘날 우리는 '거룩함'이 상실된 시대에 살고 있습니다. 과거에는 전혀 거룩할 수 없었던 요소들이 '거룩함이 상실된 빈자리'를 차지하고 있습니다. 현대인의 소비 구조를 결정짓는 물신物神이 바로 그것입니다. 종교조차 물신의 노예가 된 지 오래입니다.

### *Story*doing*

마하트마 간디가 말한 '우리 사회의 7가지 악덕' 중에 '헌신 없는 종교'도 있습니다. '헌신'은 몸과 마음을 바쳐 있는 힘을 다하는 것인데, 오늘날 종교 지도자들은 어떤 종류의 헌신만을 요구하고 있나요?

## 세상에 대하여 죽는다는 것은
## 무엇을 뜻합니까?

한 사람이 성 마카리우스에게 물었습니다.
"초월超越이란 무슨 뜻입니까?"
"세상에 대하여 죽는 것."
"세상에 대하여 죽는다는 것은 무엇을 뜻합니까?"
이에 성 마카리우스는 그에게 이렇게 말하였습니다.
"공동묘지에 가서 무덤에 대고 그 안에 누워 있는 시체에게 욕을 한바탕 퍼부어 보게."

그는 이상하게 생각하면서도 성자가 시키는 대로 하고 돌아왔습니다. 그런데 성자는 그를 다시 공동묘지로 보냈습니다. 이번에는 욕설 대신 칭찬을 하라고 했습니다. 그는 시키는 대로 하고 돌아왔습니다.

돌아온 그에게 성 마카리우스가 물었습니다.
"자네가 욕설을 퍼부어 대니까 시체들이 성을 내던가?"
"아닙니다."
"그럼 칭찬을 하니 그들이 좋아하던가?"
"아닙니다."
"세상에 대하여 죽는다는 것은 이와 같은 것이네."

### 같이 * 가치

청년이 스승에게 물었습니다. "구원받지 못한 사람은 죄 짐을 진다고 하는데, 나는 아무렇지도 않습니다. 죄의 무게가 도대체 얼마나 나갑니까? 10킬로그램? 100킬로그램?"

그러자 스승은 청년에게 물었습니다. "자네가 시체에 400킬로그램이 나가는 짐을 얹었다고 해서 그 시체가 무게를 느끼겠나?" 청년이 대답했습니다. "아니겠죠. 그것은 시체이니까 아무것도 느끼지 못할 것입니다."

이에 스승이 말을 이었습니다. "영혼도 마찬가지라네. 죽은 영혼은 죄의 무게를 느끼지 못하고, 죄가 주는 부담도 느끼지 못하며, 죄의 존재에 대해서 알지도 못한다네." 청년은 입을 다물었습니다.

### Story*doing

솔제니친 A. Solzhenitsyn 이 말하였습니다.
"언제나 당신의 영원 불멸성에 대해 진실하여라."
내가 아무리 낮아져도 '하느님의 나라'는 나보다 낮은 곳에 있습니다.
우리가 세상에 대해 죽어야 하는 까닭도 여기에 있지 않을까요?

## 죄 말고는
## 어느 것도 두려워하지 않습니다.

저 위대한 크리소스톰이 로마 황제에 의하여 체포되었을 때 일입니다. 황제는 그리스인이 크리스천의 신앙을 포기하게 하려고 애를 썼으나 성공하지 못했습니다. 그래서 황제는 측근들을 모아 놓고 이 죄수를 어떻게 처리할까 의논하였습니다.

"지하 토굴 감옥에 던져 넣을까?"

황제가 제안하였습니다.

"아니 됩니다. 그는 그것을 바라고 있을 것이며, 그곳의 정적 속에서 하느님의 자비를 느끼며 더욱 기뻐하고 지낼 것입니다."

측근 중 한 사람이 대답하였습니다.

"그렇다면 처형해 버리지!"

"그것도 아니 됩니다. 그는 죽는 것도 역시 기뻐할 것입니다. 그는 늘, '죽음의 사건 속에서 나는 신과 함께할 것'이라고 말해 왔습니다."

그러자 다시 황제가 물었습니다.

"그렇다면 우리가 과연 무엇을 할 수 있단 말인가?"

"그를 고통스럽게 할 수 있는 방법은 단 한 가지뿐입니다."

"그게 무엇인가?"

"크리소스톰을 고통스럽게 할 수 있는 방법은, 그로 하여금 죄를 짓게 하는 것입니다. 그는 죄 말고는 어느 것도 두려워하지 않습니다."

**같이 • 가치**

기쁨이란, 왕이 그 안에 계실 때 마음이란 성에서 나부끼는 깃발입니다. 이 기쁨을 앗아갈 수 있는 유일한 것은, 그 마음에서 왕의 처소를 공략하는 '죄'라는 무기밖에 없습니다.

흔히 죄를 과녁에서 벗어나는 것이라고 합니다. 삶의 방향을 잘못 잡은 것이 죄라는 말입니다. 때문에 악을 범하는 것도 죄이지만, 선을 행하지 않는 것 또한 죄입니다.

참으로 세상은 죄로 가득 차 있습니다. 그래서인지 루터 Martin Luther 는 모든 그리스도인이 "동시에 의롭고 죄 많은 사람, 목적지에 달았으면서 동시에 목적지를 향해 가고 있는 사람"이라고 위로하고 있습니다.

*Story＊doing*

인도의 철학자 라다크리슈난은 이렇게 말합니다.
"죄란 계율을 범하는 행위가 아니라,
자기 자신이 다른 것들로부터 독립되어 있다는 믿는 것이 바로 죄다."
여러분은 '죄'를 어떻게 정의하고 싶으세요?

## 감사를 담아 오겠다는
## 천사의 바구니는 비어 있었습니다.

　인간들의 기도를 모으려고 두 천사가 이 세상에 보내졌습니다. 한 천사는 바구니에 사람들의 '소원' 기도를 가득 채우려 했습니다. 다른 천사는 바구니에 인간들의 '감사' 기도를 모으려 했습니다.

　얼마가 지난 후 그들이 하느님의 나라로 돌아왔습니다. 한 천사는 바구니가 넘칠 정도로 인간들의 수많은 소원을 가지고 왔습니다. 그러나 인간의 감사를 담아 오겠다는 천사의 바구니는 텅 비어 있었습니다.

> 같이 * 가치

　　충청북도 음성에는 '꽃동네'라는 마을이 있습니다. 그 입구에 보면 "얻어먹을 수 있는 힘만 있어도 그것은 주님의 은총입니다"라는 말이 바위에 새겨져 있습니다. 이것은 최귀동이라는 걸인 할아버지의 말이라고 합니다.

　　1976년 9월 12일, 초라하기 그지없는 성당에 한 신부가 부임하였습니다. 그런데 신부는 볼품없는 할아버지가 구걸하는 모습을 우연히 보게 됩니다. 신부는 알 수 없는 느낌으로 자기도 모르게 그의 뒤를 몰래 따라가 보았습니다. 그가 도착한 곳은 산기슭에 있는 움막이었는데, 그곳에는 비참하기 그지없는 몰골을 하고 동냥도 못 나갈 정도로 몸이 상한 한 무리의 걸인들이 있었습니다. 그런데 신부는 그 자리에서 자신이 얻어온 밥을 나누어주는 그 할아버지의 모습을 보게 되었습니다.

그 장면을 목격한 충격으로 뜬눈으로 밤을 지새운 신부는 새로운 결단을 하였습니다. 이튿날 자신의 전 재산인 1,300원―당시 시멘트 1포를 살 수 있는 돈이랍니다―을 털어 신도들과 함께 병들어 의지할 데 없는 사람들이 쉬어 갈 수 있는 숙소를 짓기 시작하였습니다. 이리하여 세워진 공동체가 바로 '꽃동네'이고, 그 꽃동네를 만들게 한 걸인이 바로 최귀동 할아버지입니다.

감옥과 수도원의 차이는 단지 불평을 하느냐 아니면 감사를 하느냐의 차이일 뿐이랍니다. 거친 식사, 험한 잠자리 등 환경은 비슷합니다만, 감옥에서는 불평만이 가득하고 수도원은 감사로 하루가 지나간답니다. 감옥 같은 세상을 천국으로 바꾸어 놓을 수 있는 힘은 멀리 있지 않습니다.

*Story＊doing*

"가을에서 겨울로 넘어가는 시기에 민들레인 내가 여전히 머물러 있어 놀랐지요? 가을이 오기 전에 민들레 홀씨 되어 바람에 날려가야 하는데 말이에요. 내가 아직 가을에 머물러 있는 이유는요, 내 꽃말처럼 행복했다는 감사를 전하지 못해서랍니다."
여러분은 어떤 감사를 전하지 못해서 지상에 머물러 있나요?

마음이 청결한 자는 복이 있나니
저희가 하느님을 볼 것입니다.

보잘것없는 마술사가 있었습니다. 그의 이름은 바르나베인데 여러 가지 마술로써 여기저기 유랑하며 힘겹게 살아가고 있었습니다. 어느 날 그는 한 수도사를 만나, 자기도 날마다 성모를 찬양하며 순결하게 살고 싶으니 수도원 생활을 허락해 달라고 간청하였습니다.

그가 수도원에 들어가 보니 모두들 성모를 섬기기 위해 자기 재능을 뽐내고 있었습니다. 원장은 성모의 미덕을 다룬 책을 편찬했고, 한 수도사는 익숙한 솜씨로 그 책을 송아지 가죽에 베꼈으며, 한 수도사는 거기에 섬세한 성화를 그렸고, 한 수도사는 성모상을 조각하고 있었습니다.

여기에서 바르나베는 자기의 무지함과 무력함에 서글픔을 느꼈습니다. '모두들 성모께 사랑을 바치고 있는데 나는 뭐람.' 백방으로 자기 할 일거리를 찾아보았으나 더욱 슬퍼질 따름이었습니다.

그러던 어느 날 그는 온 천하를 얻은 듯 기뻐하며 예배당으로 뛰어 갔습니다. 그때부터 그는 매일 대부분의 시간을 예배당 안에서 보냈습니다. 그는 이제 더 이상 슬퍼하거나 한탄하지 않았습니다.

다른 수도사들이 이상하게 여기기 시작했습니다. 호기심에 가득 찬 수도사들이 그의 뒤를 따라가 보았습니다. 예배당 문틈으로 안을 들여다보던 그들은 깜짝 놀랐습니다. 바르나베가 성모의 제단 앞에서 물구나무 선 자세로 두 발로 여섯 개의 공과 열두 자루 비수를 가지고 마술을 부리고 있었기 때문이었습니다. 성모를 위해 자기가 가진 재주를 부리고 있었습니다.

고참 수도사들은 그가 성모를 모독한다고 소리쳤습니다. 원장은 그가 순진하기는 하지만 아마 정신이 이상해진 것 같다고 말했습니다. 그래서 그들은 우격다짐으로 바르나베를 끌어내리려고 했습니다.

그러나 그때 제단의 성모께서 내려와 푸른 망토 자락으로 마술사의 이마에서 방울져 내리는 땀을 씻어 주는 것을 보았습니다. 그러자 원장은 바닥에 엎드리며 이렇게 고백합니다. "마음이 청결한 자는 복이 있나니 저희가 하느님을 볼 것입니다."

같이 • 가치

프랑스 작가 아나톨 프랑스 Anatole France 의 「성모의 마술사」라는 소설의 줄거리입니다. 물은 물결 아니면 절로 고요하고 거울은 흐리지 않으면 스스로 밝습니다. 어린이의 마음은 '청결' 그 자체입니다. 성모 앞에서 바르나베는 어린아이였습니다.

Story✲doing

바르나베를 끌어내는 우격다짐의 손길이 나에게는 없나요?

**빈부귀천이
나의 법 안에서는 모두 하나가 되느니라.**

　니이다이라는 이름의 똥꾼이 있었습니다. 어느 날 그는 똥이 가득 찬 똥통을 메고 밭으로 가고 있었습니다. 그때 마침 부처님은 제자들과 함께 음식을 먹고 계셨고, 거리에는 많은 사람들이 부처님을 뵙고자 모여 있었습니다.

　니이다이도 부처님을 뵙고 싶었으나 자신이 하도 초라하여 혹시나 부처님께 누가 될까 싶어 길모퉁이에 숨어서 기다렸습니다. 그런데 부처님이 자신이 있는 쪽으로 걸어오시는 것이 아니겠습니까?

　니이다이는 당황하여 멀리 피해 가려고 했습니다. 그런데 너무 급히 서두르는 바람에 그만 똥통이 벽에 부딪쳐 깨졌습니다. 더러운 똥이 사방으로 튀어서 자신이 똥물을 뒤집어쓴 것은 물론이고 부처님의 옷까지 더럽히고 말았습니다.

　그는 자신에게 똥물이 묻은 것은 아랑곳없이 부처님께 폐가 된 것에 어쩔 줄 몰라 하며 똥이 쏟아진 바닥에 주저앉아 울며 사죄하였습니다. 그러나 부처님은 자비로운 눈으로 그를 보며 손을 내미셨습니다.

　"니이다이여, 내 손을 잡고 일어나거라. 같이 강물로 가서 씻자."

　부처님은 그의 손을 잡아 일으켜 세우셨습니다.

　"저같이 천한 자가 어찌 감히 부처님과 함께 가옵니까?"

　어쩔 줄 몰라 하는 니이다이의 말에 부처님은 이렇게 말씀하셨습니다.

"염려 마라. 나의 법은 맑고 깨끗한 물과 같으니 모든 것을 받아들여 더러움을 씻어 낸다. 빈부귀천이 나의 법 안에서는 모두 하나가 되느니라."

### 같이 * 가치

똥꾼인 니이다아는, 당시에는 손발이 귀족의 몸에 닿기만 해도 그 손발이 잘리고 근처에만 가도 온몸에 매질을 당하는 '불가촉천민인도의 최하층의 신분, 4계급으로 나누어진 카스트 체제에 속하지 않는 사람들을 일컬음'으로 노예보다 더 천한 대접을 받는 최하층 계급이었습니다. 그런데 부처님은 똥물을 뒤집어 쓴 그를 붙잡아 일으키고 손수 몸을 씻어줌으로써 잘못된 사회 신분제와 가치관을 정면으로 부정하였습니다.

당시 사람들도 사람은 귀천이 없이 평등하다고는 했으나, 그 '사람' 중에 노예나 천민은 제외시켰습니다. 그런데 부처님은 "그들도 사람이다."라고 혁명적 선언을 하신 것입니다. 세계를 바라보는 사람들의 인습과 고정 관념을 여지없이 깨뜨리면서 말입니다. 아름다운 혁명은 이렇게 아름답게 시작되는 법입니다.

### Story*doing

'가난'은 추억 속에서만 아름답습니다. 먹고살 만해지고 나서 굶주림이 아득한 추억으로 아른거릴 때만 가난이 아름답습니다. 누군가는 굶주리고 있는데 나 혼자 고기를 배불리 먹으면서도 부끄러워하지 않는 삶, 어떻게 생각하세요?

## 자넨
## 아직도 업고 있나?

    두 스님이 절로 돌아가는 길에 냇가에서 아리따운 여인을 만났습니다. 스님들과 마찬가지로 여인도 내를 건널 참이었습니다. 그러나 큰비가 온 뒤라 물살이 너무 세어서, 여인은 물을 건널 엄두를 내지 못하고 어쩔 줄 몰라 하며 서 있었습니다. 그러자 한 스님이 여인을 업어다 물을 건너 주었습니다.

    동료 스님은 사뭇 분개해 마지않았습니다.

    "신성한 계율을 소홀히 여기다니, 자신이 중이라는 걸 잊었단 말이냐! 감히 여자의 몸에 손을 대다니! 그것도 등에 업기까지 하다니! 사람들이 뭐라고 하겠느냐? 신성한 불교에 먹칠을 하지 않았느냐? 어쩌고저쩌고······."

    이렇게 꼬박 두 시간을 씹고 또 씹는 것이었습니다.

    마치 파계승이 됨 직한 스님은 그칠 줄 모르는 설교에 참다못해 불쑥 끼어들었습니다.

    "이 사람아, 난 벌써 그 여인을 냇가에 내려놓고 왔는데, 자넨 아직도 업고 있나?"

**같이 ● 가치**

우선 이야기 한 자리 더 해 드릴까요?

악마가 자기 친구와 산책을 나갔습니다. 가다가 보니, 앞서 걸어가던 어느 수도사가 허리를 굽혀 길에서 무엇인가를 줍는 것이었습니다.

"뭘 발견한 걸까?"

친구가 물었습니다.

"진리의 한 조각이로군."

이렇게 말하며 악마가 웃었습니다.

"그래, 자넨 속상하지도 않아서 웃고 있나?"

"속상할 것 없네. 난 저 사람이 저걸 종교적 신조로 삼도록 내버려 둘 생각일세."

성녀 테레사 수녀는 인도에서 가난한 병자들을 간호하면서 한 생을 살다 갔으나, 그녀는 단 한 번도 인도의 힌두교 신자들에게 개종을 권하지 않았다고 합니다. 하지만 그녀는 세상 사람들에게 '살아 있는 하느님'이 무엇인지 가르치고 갔습니다.

*Story*doing*

많은 종교인들은 우연히 만난 '진리의 한 조각'을 고집스레 붙들고 그것이 마치 '진리의 전부'인 양 물고 늘어집니다.
종교적 아집이 얼마나 무서운 줄 아시나요?
신문에서 그 사례를 찾아, 자기 생각을 덧붙여 말해 보세요.

## 그리스도의
## 손 노릇을 대신하기로 하였습니다.

제2차 세계 대전으로 인해 슈트라스버그 시의 한 교회가 파괴되어, 깨진 벽돌 더미와 유리 조각 외에는 남아 있는 것이라곤 하나도 없었습니다. 그래서 사람들은 그 석조 건축물을 완전히 치워 버리기로 하였습니다.

그런데 벽돌 더미 속에서 그리스도의 조각상이 여전히 똑바로 서 있는 채 발견되었습니다. 엄청난 폭격에도 불구하고 그리스도의 상은 두 손만 떨어져 나갔을 뿐, 다른 부분은 상처 하나 입지 않았습니다. 그리하여 사람들은 이것을 계기로 그곳에 교회를 다시 세우기로 하였습니다.

그러던 어느 날, 한 조각가가 그리스도의 조각상을 보더니 아무것도 받지 않고 손을 새로이 조각해 주겠다고 제안하였습니다. 교회 지도자들은 이 조각가의 친절한 제안에 대해 의논하기 위해 회의를 열었습니다. 그러나 회의에서는 조각가의 제안을 정중히 거절하기로 결론을 내렸습니다. 연유를 묻는 조각가에게 한 교회 지도자가 이렇게 말했습니다.

"그리스도의 조각상은 두 손이 없기 때문에 더욱 우리의 영혼을 감동시키고 있습니다. 분명히 조각상에는 두 손이 없습니다. 그러나 그리스도께서는 대신 우리의 손이 있다는 사실을 깨닫게 해 주셨습니다. 따라서 우리는 우리의 두 손으로 '어려운 사람을 보살펴 주고, 배고픈 사람에게 먹을 것을 주고, 가난한 사람을 도와주는' 그리스도의 손 노릇을 대신하기로 하였습니다."

### 같이 * 가치

　그리스도는 손이 없으시지만 우리는 그의 일을 할 수 있는 손을 가지고 있습니다. 그리스도는 발이 없으시지만 우리는 자기 십자가를 지고 그분의 뒤를 따를 수 있는 발을 가지고 있습니다. 그리스도는 입이 없으시지만 우리는 그가 어떻게 죽으셨는지 말할 수 있는 입이 있습니다. 그는 힘이 없으시지만 우리는 가난한 사람들을 돌볼 힘이 있습니다.

　그런데 우리의 손이 그리스도의 일보다 다른 일에 더 분주하면 어찌할 것입니까? 우리의 발이 죄악의 매력이 있는 곳을 거닐면 어찌할 것입니까? 우리의 입이 구부러지고 뒤틀린 말을 하는 데 쓰이면 어찌할 것입니까? 우리의 힘이 가난한 사람을 더욱 가난하게 억누르고, 억울한 사람을 더욱 궁지로 내모는 데 쓰이면 어찌할 것입니까?

### Story*doing

"그러자 주인이 그에게 일렀다. '잘하였다, 착하고 성실한 종아! 네가 작은 일에 성실하였으니 이제 내가 너에게 많은 일을 맡기겠다. 와서 네 주인과 함께 기쁨을 나누어라.'" 마태복음 25장 21절.
이 성경 구절을 읽고, '작은 예수'가 누구일까 구체적 사례를 들어 말해 보세요.

## 우리는
## 모든 길에서 설교하지 않았던가요?

아시시의 성자인 프란치스코는 어느 날 아침에 그의 제자들에게 "길 건너 마을로 가서 설교를 하자."라고 말했습니다. 그리하여 그들은 수도원을 떠나 마을로 향하게 되었습니다.

도중에 그들은 무거운 짐을 지고서 땀을 뻘뻘 흘리며 지나가는 나그네를 만났습니다. 프란치스코는 서두르지 않고 그의 슬픈 이야기를 주의 깊게 들어 주었습니다.

마을에 도착한 프란치스코는 가게 주인과 이야기를 나누었고, 들에서 농부들과 시간을 보냈으며, 거리에서 아이들과 즐겁게 놀았습니다. 돌아오는 길에 그들은 구걸하는 거지와도 만났는데, 프란치스코는 그와도 시간을 함께 보냈습니다.

해가 뉘엿뉘엿 질 무렵, 프란치스코 일행은 수도원으로 돌아왔습니다. 그런데 제자 중 하나가 크게 실망하여 프란치스코에게 따지듯 말했습니다.

"프란치스코 사제여, 당신은 설교를 하겠다고 말씀하지 않으셨습니까? 그런데 하루가 다 가도록 왜 설교는 하지 않으십니까?"

이에 성 프란치스코는 자애로운 눈빛으로 말했습니다.

"그래요? 우리는 모든 길에서 설교하지 않았던가요?"

같이 * 가치

　믿음이란 추상적인 그 무엇이 아니라, 손에 잡히는 구체적인 그 무엇입니다. 가정에서는 온유, 사회에서는 겸손, 사업에서는 공정, 불행한 자에게는 동정, 약한 자에게는 도움, 악한 자에게는 저항, 강한 자에게는 떳떳함, 행운의 사람에게는 축하, 참회하는 자에게는 용서─이것이 믿음입니다.

　이처럼 믿음은 삶의 변화이지 입의 변화가 아닙니다. 때문에 실천하지 않는 믿음은 '소리 나는 구리와 울리는 꽹과리'입니다. 그래서 「야고보서」의 기자는 이렇게 우리에게 권면하고 있습니다.

　"형제 여러분, 믿음이 있다고 하면서 실천하지 않으면 무슨 소용이 있습니까? 그런 믿음으로 구원을 받을 수 있겠습니까? 어떤 형제나 자매가 당장 입을 옷이 없고 끼니를 때울 양식이 없는데, 여러분 가운데 누가 '평안히 가십시오. 몸을 따뜻하게 하십시오. 배불리 먹으십시오.' 하고 실제로 필요한 것을 주지 않는다면, 그런 말이 무슨 소용이 있겠습니까? 이와 같이 행동이 따르지 않는 믿음은 그 자체가 죽은 것입니다."

*Story*doing*

　우리는 가끔 어머니한테 대들면서 그분 가슴에 대못을 박습니다. "엄마가 나에게 해 준 게 뭐가 있어?" 태어나서부터 지금까지, 아침부터 밤까지, 머리끝에서 발끝까지, 모두 다 해 주었는데도 말입니다. 그러는 당신에게 이제 다시 묻습니다. "당신은 어머니께 해 준 게 도대체 뭐가 있으세요?"

## '일어나서 걸어라' 하고
## 말할 수 있는 시대도 지났습니다.

토마스 아퀴나스 Thomas Aquinas 가 교황 이노센트 4세를 방문했을 때의 일입니다. 교황은 그에게 로마 교회의 풍부한 재물을 보여 주면서 자랑스럽게 말했습니다.

"이제는 교회도 '나는 금과 은을 갖지 않는다'라고 말하는 시대는 지났습니다."

그러자 토마스 아퀴나스는 덕스럽게 대답했습니다.

"그렇습니다. 그러나 교회가 교회 문 앞에 있는 앉은뱅이에게 '일어나서 걸어라' 하고 말할 수 있는 시대도 지났습니다."

순교자의 특징은 '존재'하고 주고 나누어 갖는 것입니다. 반면 영웅의 특징은 '소유'하고 약탈하고 강요하는 것입니다. 보십시오. 아브라함에게 내려진 하느님의 단호한 명령을! "너는 너의 본토, 친척, 아비 집을 떠나 내가 네게 지시할 땅으로 가라!" 이런 무소유無所有의 빈자리에 하느님의 능력이 나타나는 것을 성경은, 그 해방의 역사를 통해 장쾌하게 보여 주고 있습니다.

이런 의미에서 보면, 막스 베버 Max Weber가 말했듯이 산상수훈山上垂訓, 산 위에서 내린 교훈이라는 뜻으로 《신약성서》 마태복음 5~7장에 실린 예수의 설교은 확실히 커다란 노예 해방의 연설입니다. 그러므로 우리는 돈과 돈의 논리를 우상으로 섬기는 이 시대의 종교를 바라보며, 하느님과 이웃 앞에 다시 무릎을 꿇어야 합니다. 뉘우치고 돌아서야 합니다.

"우리는 가난한 사람들을 좋아하지 않습니다. 단지 그들을 위해 마음을 쓰는 척해 왔습니다. 우리는 마을에서 일어나는 폭력을 걱정하면서도, 그곳에다 교회당을 증축하여 잔디를 깎아 단장하는 일에만 마음을 써 왔습니다. 우리는 당신을 사랑한 것이 아니라, 다만 종교적 감상에 젖어 있었을 뿐입니다. 그리하여 우리는 교회의 창문에 스테인드글라스를 모양 있게 장식하면서, 이 세상의 굶주린 사람에 대해서 눈을 감고, 상처받은 사람들의 울부짖음에 대해서 귀를 닫아 왔습니다. 이와 같은 우리의 죄를 용서하여 주옵소서."

*Story doing*

출애굽 당시의 지도자 모세는 큰아들 게르솜에게 지도권을 물려주지 않고, 여호수아에게 물려줍니다. 신의 명령에 따른 겁니다.
교회의 세습, 어떻게 생각하세요?

섣달 **12월**

'새 하늘과 새 땅'이 같이 사는 달

## 받기만 하고 줄 줄 모르면
## 다 이렇게 된답니다.

    이스라엘에는 두 개의 바다가 있습니다. 하나는 갈릴리 바다이고 또 하나는 사해입니다. 사실은 호수이지만 사람들이 바다라고 부르니 우리도 그렇게 부릅시다. 그리고 이 두 바다를 이어 주는 강이 그 유명한 요르단 강입니다.

    그런데 말입니다. 갈릴리 바다는 물이 맑고, 고기도 많으며, 물가에는 나무가 자라고, 새들이 노래하는 아름다운 곳입니다. 이에 비해 사해는 물에 어찌나 염분이 많은지, 사람이 들어가면 둥둥 뜰 정도라고 합니다. 그래서 이곳에는 고기도 살 수 없고, 새들도 먹이가 없으니 깃들이지 않습니다.

    왜 갈릴리 바다와 사해는 이렇게 차이가 날까요? 왜 하나는 생명이 숨 쉬는 바다가 되고, 하나는 이름 그대로 죽음의 바다 사해,死海가 되었을까요?

    그 까닭은 아주 간단합니다. 갈릴리 바다는 상류에서 흘러 내려온 물을 받아 요르단 강을 통하여 내보내기 때문에 물이 깨끗하고 아름답습니다. 받은 만큼 주는 것입니다. 그런데 사해는 요르단 강을 통해 좋은 물을 받기만 했지 줄지는 몰라 더러워진 것입니다. 받기만 하고 줄 줄 모르면 다 이렇게 된답니다.

몇 년 전 어느 회사의 사장이 부도를 내고 도망 다니다 경찰에 붙잡혔습니다. 그는 봉제 회사의 사장이었는데, 백 명이 넘는 어린 봉제공들의 석 달 치 월급을 밀려 놓고 주지 않았습니다. 그런데 회사는 망했지만 그 사장은 자기 앞으로 된 부동산이 많아서 아무 걱정이 없었습니다.

며칠 뒤 아버지의 구속 소식을 들은 그의 딸이 급히 달려 왔습니다. 그녀는 프랑스에서 미술 유학을 하고 있었는데, 그녀가 화구 몇 개를 살 돈은 봉제공들의 몇 달 치 월급에 해당하는 액수였습니다.

자기 아버지를 원망하는 사람들을 향해 딸은 이렇게 말했습니다. "나한테는 얼마나 좋은 분인데요. 나를 정말 사랑하셔서, 외국 유학도 보내 주시고, 멋진 스포츠카도 사 주시고, ……." 돈더미를 가족의 울타리 안에만 가두어 놓고, 남에게는 줄 줄 몰라 썩어 버린 이야기입니다. 아버지도 딸도 함께 말입니다.

*Story doing*

'배워서 남 주나?'고들 하지만, 배워서 남 주지 않는 공부는 썩어 버립니다. 여러분은 무엇 때문에 공부하십니까?

## 건너편에 앉은
## 형제의 입에 넣어 주었습니다.

어떤 사람이 지옥과 천당을 다 다녀 보았습니다. 때마침 식사 시간이었는데 차려 놓은 음식은 지옥이나 천당이나 똑같이 산해진미였다고 합니다.

그런데 지옥의 식탁은 넓고 젓가락은 필요 이상으로 길어서, 그 산해진미를 긴 젓가락 때문에 하나도 자기 입에 넣지 못하고 있었습니다. 다들 먹으려고 애는 무척 쓰나, 결국은 사방에 흘리고 떨어뜨리기만 하더랍니다. 그래서 조금도 먹지 못하고 굶주려, 배와 가죽이 들러붙은 한심스러운 꼬락서니를 하고 있었습니다.

그렇지만 천당에서는 모든 조건이 지옥과 다를 바가 없었는데, 여기 사람들은 음식을 서로 자기 입에다 넣으려고 기를 쓰지 않더랍니다. 그들은 긴 젓가락으로 먹을 것을 집어서는, 식탁 건너편에 앉은 형제의 입에 넣어 주었습니다. 피차 이렇게 함으로써 모두들 배불리 먹어, 심신이 아주 건강한 모습이었습니다.

**같이 = 가치**

정말 어처구니없는 사회가 나타났습니다. 창고에 식량과 옷과 석탄이 가득 쌓여 있는데 창고 밖에서는 헐벗고 굶주린 채 얼어 죽는 사람이 있다면, 그 사회는 바보 취급을 받아도 쌉니다. 그런데 그때 정말로 그런 해괴한 일이 벌어졌습니다. 그것도 한두 사람이 아니라 수백만의 사람들이 여러 해 동안 그렇게 살다가 비참하게 죽어 갔습니다.

　추위에 견디다 못한 아이들은 석탄을 훔치러 돌아 다녔습니다. 영양실조에 걸린 가난뱅이들은 먹을 것을 훔치려다 붙잡혀 감옥으로 끌려가거나, 심지어 농장 경비원의 총에 맞아 죽기까지 하였습니다. 그런데도 캘리포니아의 농장주들은 오렌지 값이 밑바닥을 더듬자 공급을 줄이기 위해 오렌지를 땅에 묻거나 석유를 뿌려서 썩혔습니다. 이것을 사람들은 대공황Great depression이라고 부르지만 아닙니다, 그것은 '지옥'이라고 불러야 옳습니다.

　'지옥'이라니 너무 심한 표현이라고요? 당시 미국은 제1차 세계 대전으로 큰 타격을 입은 유럽에 농산물과 공업 제품 등을 수출해 커다란 이익을 누리고 있었습니다. 그런데 유럽의 생산력이 점점 회복되자 수출은 줄어들었고 결국 생산 과잉 상태가 되었습니다. 그리하여 대공황이 시작되었고 그 결과, 국제 분쟁이 생기고 파시즘1919년 이탈리아의 B.무솔리니가 주장한 국수주의적·권위주의적·반공적인 정치적 주의 및 운동이 출현하면서, 역사는 제2차 세계 대전으로 돌입하게 되었습니다. 이래도 '지옥'이 아닙니까?

## Story*doing

　영국의 '채리티 에이드 파운데이션'은 2010년부터 세계 145개국의 기부형태를 비교해 발표하고 있습니다. 이 단체의 보고서에 따르면 한국은 2011년 57위, 2012년 45위, 2014년 60위입니다. 우리나라보다 상위에 있는 국가를 보면 1위 미얀마, 2위 미국, 3위 뉴질랜드, 8위 스리랑카, 38위 이라크, 54위 시에라리온 등입니다. 어떻게 생각하세요, 네?

"예, 저...... 장미꽃이에요."

옛날, 튜린겐의 왈드부르크의 성에 엘리자베스라는 헝가리의 공주가 시집을 왔습니다. 엘리자베스는 인정이 많아 가난한 사람과 병든 사람을 열심히 보살펴 주었습니다. 그녀는 거의 매일 성 아래 마을에 내려가서 가엾은 사람들을 돌보아 주고, 거지들이 떨고 있는 것을 보면 자기가 입고 있는 외투까지도 벗어 주었습니다.

이러한 아내의 고운 마음씨에 처음에는 젊은 남편도 잔소리를 하지는 않았습니다. 하지만 주위 사람들이 그것을 못마땅하게 여겨 남편을 부추겼습니다. 언제까지나 그대로 내버려두었다가는 성 안에 있는 것이 남아나는 것이 없을 것이라며, 즉시 그렇게 하지 못하도록 해야 한다고 꼬드겼습니다.

귀가 여린 남편은 그 말을 듣고 엘리자베스가 그 일을 하지 못하도록 막았습니다. 그러나 성 아래 마을 사람들의 형편을 잘 알고 있는 인정 많은 엘리자베스는 잠자코 있을 수 없었습니다.

하루는 남편 몰래 먹을 것을 광주리에 하나 가득 담아 가지고 성을 빠져나갔습니다. 그런데 가다가 그만 남편과 마주치고 말았습니다. 엘리자베스는 당황하여 외투로 광주리를 감추었습니다. 남편은 그것을 보고 "그 광주리 속에 무엇을 감춰 가지고 가는 거요?" 하고 날카롭게 물었습니다.

엘리자베스는 엉겁결에 "예, 저…… 장미꽃이에요." 하고 대답해 버렸습니다.

남편은 "그럼, 그 외투를 벗겨 보시오." 하고, 한 발자국 다가섰습니다. 엘리자베스는 할 수 없이 외투를 들어 올렸습니다. 그런데 참 신기한 일이 벌어졌습니다. 광주리에는 하얀 장미가 가득 담겨 있었습니다.

같이*가치

미국인들은 편지를 쓸 때, 편지 쓴 사람의 서명 옆에 '진심으로Sincerely'라고 적는다고 합니다. 그런데 이 '진심으로'라는 말의 어원을 살펴보면, 고대의 조각가들이 결점 없는 작품이라는 의미로 쓴 '왁스 없이'라는 뜻이 담겨 있습니다. 고대의 왁스는 떨어져 나간 코를 붙이거나, 형편없이 만들어진 손가락을 감추는 등, 결점을 숨기기 위해 사용되었습니다.

한 설문 조사에 따르면 요즘 사람들이 대화를 하면서 많이 사용하는 단어가 '진짜로', '진심으로'라고 합니다. 어떤 사회학자는 우리 사회에서 사람들 사이에 너무 불신이 크기 때문에 이런 단어를 많이 사용하게 된다고 분석했습니다.

### Story*doing

'진심으로'는 대충 사용하기에 너무 묵직한 말이지만, 의미 있게 사용하면 이보다 더 좋은 말이 없습니다. '진심으로' 착한 일을 하면 신도 돕는다는 도이칠란트의 민화에서 여러분은 무엇을 느끼셨나요?

# 친구여,
# 이 방향으로는 얼마나 가진 것이 있으시오?

트루엣 박사가 텍사스의 부유한 석유업자의 집에 초대받았습니다. 식사가 끝나자 석유업자는 박사를 옥상으로 인도하여 거대한 유전 탑을 가리키며 말했습니다.

"트루엣 박사님, 저것이 모두 내 것입니다. 25년 전 나는 맨손으로 이 나라에 왔습니다. 하지만 이제는 박사님이 보다시피 끝도 없는 유전 탑을 가지고 있습니다."

그러고는 동쪽으로 돌아서서 커다란 가축 떼를 가리키며 또 말했습니다.
"저 가축들이 모두 내 것입니다. 박사님께서 보시는 것 모두가 말입니다."

끝으로 그는 서쪽을 보며 광대한 처녀림을 가리키며 말했습니다.
"저것도 모두 내 것입니다. 25년 전 나는 무일푼이었지만 열심히 일하고 저축해서 이렇게 많은 것을 갖게 되었습니다."

그는 박사의 칭찬을 듣고 싶었습니다. 하지만 트루엣 박사는 아무 말도 하지 않았습니다. 얼마간 시간이 흐른 뒤, 박사는 석유업자의 어깨에 인자하게 손을 얹고 나서 하늘 쪽을 가리키면서 말했습니다.

"친구여, 이 방향으로는 얼마나 가진 것이 있으시오?"

부자는 부끄러움으로 고개를 떨구며 말했습니다.

"그쪽 방향은 생각해 보지 않았습니다."

하늘이 무엇입니까? 하늘을 우러러 부끄럽지 않다는 말은 무슨 뜻입니까? 하늘 우러러 한 점 부끄럼이 없기를 괴로워했던 시인 윤동주 尹東柱, 1917~1945 는 「또 다른 고향」이라는 시에서 "지조 높은 개는/ 밤을 새워 어둠을 짖는다"라며 "가자 가자/ 쫓기우는 사람처럼 가자/ 백골 몰래 아름다운 또 다른 고향에 가자"라고 노래하고 있습니다.

당시 '가진 자, 누린 자'들이 이런저런 핑계를 내세워 일본에 빌붙어 편히 살았습니다. 그때, 하늘 우러러 부끄럽지 않기를 괴로워한 '사람'은 사실 얼마 되지 않았습니다. 하지만 밤하늘이 아름다운 것은 '그럼에도 불구하고 빛나는 별들' 때문이 아니겠습니까?

### Story*doing

우리 역사의 밤하늘에는 윤동주가 별처럼 빛을 내고,
이육사가 별처럼 빛을 내고, 한용운이 별처럼 빛을 내고 있습니다.
그분들이 없었더라면 우리의 역사는 얼마나 암담했을까요?
그분들의 시 중에 한 편을 골라 읽으며 고마움을 담아 자신의 생각을 말해 보세요.

## 당신의 품삯이나 가지고 가시오.

 어떤 포도원 주인이 포도원에서 일할 일꾼을 구하려고 이른 아침에 동네로 나갔습니다. 그는 일꾼들과 하루 품삯을 돈 한 데나리온으로 정하고 그들을 포도원으로 보냈습니다. 아홉 시쯤에 다시 나가서 장터에 할 일 없이 서 있는 사람들을 보고 "당신들도 내 포도원에 가서 일하시오. 그러면 일한 만큼 품삯을 주겠소." 하고 말하니 그들도 일하러 갔습니다. 주인은 열두 시와 오후 세 시쯤에도 나가서 길거리에서 배회하는 사람들에게 그와 같이 하였습니다. 오후 다섯 시쯤에 다시 나가 보니 할 일 없이 서 있는 사람들이 또 있어서 "왜 당신들은 하루 종일 이렇게 빈둥거리며 서 있기만 하오?" 하고 물었습니다. 그들은 "아무도 우리에게 일을 시키지 않아서 이러고 있습니다." 하고 대답하였습니다. 그래서 주인은 "당신들도 내 포도원으로 가서 일하시오." 하고 말하였습니다.

 날이 저물자 포도원 주인은 관리인에게 "일꾼들을 불러 맨 나중에 온 사람들부터 시작하여 맨 먼저 온 사람들에게까지 차례로 품삯을 치르시오." 하고 일렀습니다. 오후 다섯 시쯤부터 일한 일꾼들이 와서 한 데나리온씩을 받았습니다. 그런데 맨 처음부터 일한 사람들은 품삯을 더 많이 받으려니 했지만 그들도 한 데나리온밖에 받지 못하였습니다.

 그들은 돈을 받아 들고 주인에게 투덜거리며 "막판에 와서 한 시간밖에 일하지 않은 저 사람들을, 온종일 뙤약볕 밑에서 수고한 우리와 똑같이 대우하십니까?"

하고 따졌습니다. 그러자 주인은 그들을 보고 "내가 당신들에게 잘못한 것이 무엇이오? 당신들은 나와 품삯을 한 데나리온으로 정하지 않았소? 당신들의 품삯이나 가지고 가시오. 나는 이 마지막 사람에게도 당신들에게 준 만큼의 삯을 주기로 한 것이오." 하고 말하였습니다.

성경에 나온 이야기입니다. 그런데 왜 주인은 처음 온 사람이나 마지막에 온 사람이나 한 데나리온씩 주었을까요? 그것은 나중에 왔다고 해서 한 데나리온을 주지 않으면 먹고살 수가 없었기 때문입니다. 참고로, 한 데나리온은 우리 돈 5만 원 정도로 한 가족이 하루 먹고살 최저 생계비랍니다.

몸이 아파서 일 못 하는 사람도 살게 해야 하고, 몸이 불편해서 일 적게 하는 사람도 살게 해야 하고, 몸이 성해서 일 잘 하는 사람도 살게 해야지 않겠습니까? '능력에 따라 일하고 필요에 따라 분배하는 나라'를 성경은 하늘나라라고 말하고 있습니다.

*Story*doing*

기본 소득이란 소득이나 자산을 조사하거나 근로 여부를 따지지도 않고 모든 시민에게 정기적으로 일정한 현금을 지급하는 제도입니다. "꽃에는 물과 햇빛, 사람에게는 기본 소득", 어떻게 생각하세요?

## 밥은 산 자와도 나누고
## 죽은 자와도 나누어야 한다.

　옛날에 어느 두메에 '고씨네'라는 늙은 홀아비가 살고 있었습니다. 고씨네는 얼마 되지 않는 논밭을 짓고 있었는데, 땅이 박토여서 농사가 잘 되지 않았습니다. 비가 조금만 와도 수해가 나고, 농사철에 며칠만 비가 안 와도 곡식이 메말라 죽었습니다.

　어느 해, 하늘은 무심하게도 비를 내려 주지 않아 애써 가꾼 곡식이 메말라 죽어 갔습니다. 고씨네는 시냇물에 가 물통에 물을 가득 채워 지고 가서 논에 부었습니다. 그러기를 몇 날 며칠 하다가 끼니도 제대로 먹지 못한 터라, 그만 쓰러져 죽고 말았습니다.

　죽은 뒤 며칠 후 동네 사람에게 발견되어, 좁으나마 골짜기에 있는 자기 논밭을 바라볼 수 있는 산마루에 묻혔습니다. 농사를 짓다 죽었으니 영혼이라도 자라나는 곡식을 구경하라고 그리했는지 모릅니다.

　하루는 전 서방이 일을 하다 점심을 먹으러 논둑에 앉아 첫 숟가락을 뜨는 순간, 눈앞에 고씨네의 묘가 보였습니다. 전 서방은, 고씨네는 일평생 죽도록 일만 하다가 밥도 실컷 못 먹고 죽었는데 어찌 나 혼자만 먹을까 하여 첫술 떴던 밥을 "고씨네" 이름을 부르며 묘를 향해 던졌습니다. 그래서인지 그해 농사가 다른 해보다 두 배가 잘 되었습니다.

　나중에 동네 사람들은 전 서방에게 어떻게 해서 농사가 그렇게 잘 되었느냐고 물었습니다. 사실대로 말하자 그 다음부터는 먼저 '고씨네'의 이름을 부르며 밥이나 술을 던졌더니 모두들 일 년을 편안하게 지낼 수 있었습니다.

그래서 지금도 농촌에 가면 들에서 밥을 먹을 때에는 언제나 '고씨네'를 위해 "고시레" 하면서 밥을 던집니다. 밥은 산 자와도 나누고 죽은 자와도 나누어야 한다는 선인들의 정신이 그렇게 이어져 내려온 것입니다.

### 같이*가치

어느 시인은 이렇게 말합니다. "혼자서 밥을 먹으면 밥맛이 없는 이유는 바로 '독점' 때문입니다. 원래 밥상에 둘러앉아 나누어 먹도록 되어 있는 밥을 혼자서 걸게 먹으려 하기 때문에, 본래 밥의 본질과 먹는 형식이 일치하지 않는 데서 오는 당연한 귀결입니다."

제사가 바로 식사가 되고 식사가 바로 제사가 되는 것은 '밥'을 통해서입니다. 따라서 밥은 '한울 천도교에서 우주의 본체를 이르는 말, '큰 나' 또는 '온 세상'이라는 뜻입니다. 한울을 함께 나누며 살듯이 밥은 당연히 나누어야 합니다.

### Story*doing

"밥은 하늘입니다/ 하늘을 혼자 못 가지듯이/ 밥은 서로 나눠 먹는 것/ 밥은 하늘입니다
하늘의 별을 함께 보듯이/ 밥은 여럿이 같이 먹는 것
밥이 입으로 들어갈 때에/ 하늘을 몸 속에 모시는 것/ 밥은 하늘입니다
아아 밥은 서로 나눠 먹는 것."

김지하의 「밥은 하늘입니다」라는 시입니다. 이 시를 누구한테 들려주고 싶으세요?

## 공을 세우는 즉시
## 몸을 숨겼기 때문입니다.

하느님이 봄·여름·가을·겨울을 불러 놓고 말씀하셨습니다. "너희 각자 할 일이 무엇인지 알고 있으렷다? 차례로 내려가 맡은 일을 하여라. 공을 세우고 나면 내가 상을 도탑게 내리리라."

먼저 봄이 땅으로 내려왔습니다. 봄이 꽁꽁 언 들판에 아지랑이를 피워 올리자, 나무마다 연두색 싹이 트고 새들도 하늘 높이 날아올랐습니다. 사람들이 보습으로 땅을 일구고 씨를 뿌리자, 온갖 푸성귀가 파랗게 돋아났습니다. 하느님이 내려다보시고 봄에 상을 주려고 했지만, 봄은 어디론가 사라지고 나타난 것은 팔뚝을 걷고 이마에 수건을 동여맨 여름이었습니다.

여름은 봄이 낳아 놓은 생명들을 쑥쑥 자라게 하는 일에 골몰하였습니다. 여름은 생명이 자라는 데 있어야 할 넉넉한 물과 햇빛을 공급하느라 땀을 뻘뻘 흘렸습니다. 들판은 그야말로 생명감이 넘쳤습니다. 그래서 하느님은 여름을 불러 상을 주려고 하였으나, 나타난 것은 여름이 아니라 커다란 부채로 들판을 부치며 나타난 가을이었습니다.

가을이 맡은 일은 여름이 키워 놓은 열매를 익히는 일입니다. 열매가 익는 데는 물은 조금만 있어도 되고, 깨끗한 햇빛과 바람이 많이 있어야 합니다. 그래서 가을은 수정처럼 맑은 햇빛과 시원한 바람을 실어다가 들판에 두루 안겼습니다.

이 모습을 본 하느님이 다시 가을을 부르셨지만, 역시 나타난 것은 가을이 아니라 양손에 얼음을 든 겨울이었습니다.

가을이 익혀 놓은 것을 썩지 않게 갈무리하는 것이 겨울 일입니다. 갈무리에는 뭐니 뭐니 해도 냉장고가 제일입니다. 그래서 겨울은 온 세상을 냉장고로 만들었습니다. 겨울이 지날 무렵, 하느님은 추위에 떠는 겨울을 불러 상을 주고 싶었지만 결국 상을 주지 못하고 말았습니다. 겨울도 봄·여름·가을처럼 공을 세우는 즉시 몸을 숨겼기 때문입니다.

노동의 가장 아름다운 덕성은 겸손입니다. 나 혼자서 하는 것보다 여럿이 함께 힘을 모아 하는 것이 낫다는 자연의 가르침을 소리 없이 그대로 실천하는 것이 바로 겸손입니다. 그래서 겸손은 '마음의 고요함'이라고 합니다.

혼자 힘이 아무리 강해도 여럿이 어울려 하는 것이 훨씬 아름답다는 것을 자연은 이미 알고 있습니다. 그래서 자연은 사철 혼자서 제멋대로 하는 독재獨裁를 마다하고, 여러 사람이 번갈아 주인 노릇을 하는 민주民主를 받아들입니다. 사계절의 변화가 뚜렷한 우리나라가 바로 그 본보기입니다.

 Story*doing

남을 위하여 수고한 것을 생색내며 스스로 자랑하는 것을 공치사功致辭라고 합니다. 이는 정말 치사한 일이죠? 뒤에 있는 '치사'는 무슨 뜻일까요?

## 사람들은 그를
## 천하 장수 '쇠뿔이'라고 불렀습니다.

옛날 묘향산 밑 어느 마을에 찢어지게 가난한 소작농 부부가 살았습니다. 가을마다 콩 타작을 남 못지않게 하여 실히 거두었으되 땅 주인이 죄 뺏어다가 소여물로 주고, 그들에게는 장 담글 콩조차 남겨 두지 않았습니다.

아이를 낳으면 모두 염병으로 죽고 굶어 죽어, 혼자 살아남은 것이 열두 번째 아들 열두만이입니다. 눈이 화경 같고 키가 훤칠한 그는 양반네 눈에 뜨여 황해도 곡산 땅 어느 부자네 기와집 짓는 칠 년 사역장에 끌려갔고, 칠 년 만에 귀향한 뒤에는 양반들의 까탈로 다시 십 년 징역살이에 보내졌습니다. 북녘 오랑캐가 쳐들어와 분탕질 친 뒤 총각 삼천과 처녀 삼천 명을 굴비 엮듯 끌고 갔는데 열두만이가 예외일 수는 없었습니다.

오랑캐 병사의 말채찍에 피를 철철 흘리며 눈벌판을 하염없이 끌려가던 어느 날 밤 "나무 등걸 같은 오랑캐를 자빠뜨리고 조선으로 돌아가자." 하는 벼락같은 소리와 함께 캄캄한 마루턱에 횃불이 타올라 오랑캐 진지를 갈랐습니다. 살길을 열어 해방의 벌판으로 나온 사람들은 횃불이 타오르던 곳에서 관솔과 사람이 한데 묶여 타 버린 검은 숯덩이를 발견하였습니다. 그는 다름 아닌 열두만이었습니다. 사람들은 그를 천하 장수 '쇠뿔이'라 불렀습니다.

## 같이\*가치

백기완은, 자기를 죄어 오는 오랏줄, 그것을 틀어쥔 못돼먹은 세상을 마치 두엄 삼태기처럼 들었다 엎고서는 새 세상을 일구는 천하 장수 쇠뿔이를 우리 겨레가 예부터 가장 위대한 인물로 쳐 왔다고 말합니다. '무지랭이' 민중의 영웅으로 그려지고 있는 쇠뿔이를 생각하며, 타 버린 검은 숯덩이 전태일의 주검도 한 번쯤 떠올려 봅시다.

> 잘 있거라 안식의 들판이여 사랑이여
> 새끼치기하고 기막히게 살고프던 포근한 거리여 거리여
> 언제나처럼 기쁨 깃들어 있던 내 새끼의 웃음이여 웃음소리여
> 오라 고통이여 절망이여 공포여 번민이여
> 천둥아 벼락아 내 너를 맞으러 두 팔 벌리나니
> 급습하라 내 가슴에 내 심장에 내 골수에
> 박혀 숯덩이처럼 날 태울 테면 태워 보라
> 불꽃이 될지 개새끼처럼 거멓게 그슬리다만 말지
> 한 움큼의 재만 될지 흔적만 남을지 혹 사리 몇 과가 나올지

*Story\*doing*

아들 전태일의 유언에 따라 이소선 여사는 '노동자의 어머니'라는 칭호가 부끄럽지 않게 사셨습니다. '이소선'을 공부하고, 자기 생각을 말해 보세요.

## 그리고
## 그 앞에서 쓰러졌습니다.

　노예들이 반란을 일으켰습니다. 오랜 세월 자신들을 짓누른 잘못된 제도를 깨닫고, 그들은 모두 힘을 모아 일어선 것입니다. 그러나 그들은 쓰디쓴 실패를 맛보아야만 했습니다. 반란에 참여한 노예들이 모두 잡혔습니다.

　반란군 대장 스파르타쿠스 Spartacus 를 노예들은 믿고 따랐습니다. 이런 믿음은 그가 동지들을 아끼고 사랑했기 때문에 생긴 것이었습니다. 진압군 대장은 스파르타쿠스를 불렀습니다.

　"먹을 만큼 밥을 주고 헐벗지 않을 만큼 옷을 주었는데 반란을 일으키다니, 너희는 은혜도 모르는 놈들이다."
　"우리는 개나 돼지가 아니라, 당신과 똑같은 인간이오."
　"너는 노예로 태어났어. 너는 자기 처지를 모르고 날뛰다가 너뿐 아니라 네 동료들도 모두 죽게 하였다."
　"나는 그들을 사랑하기 때문에 그런 삶을 참고 볼 수 없었소."

　진압군 대장의 얼굴에 비웃음이 스쳤습니다.
　"사랑? 그렇다면 네 사랑이 얼마나 진실한지 시험해 보자. 저쪽 단두대에서 네 목을 칠 테니 너는 떨어진 네 목을 들고 나에게 걸어와라. 그 정도 사랑이라면 믿을 만하지. 그러면 네 동료들만큼은 살려 주겠다. 어때?"

스파르타쿠스는 단호한 목소리로 그렇게 하겠다고 했습니다. 그는 입을 굳게 다물었습니다. "툭!" 그의 목이 떨어졌습니다. 동시에 목 없는 스파르타쿠스는 자기 목을 들고, 놀라서 일어서는 진압군 대장에게 피를 내뿜으며 달려왔습니다. 그리고 그 앞에서 쓰러졌습니다.

당시 포로들은 노예 반란을 진압한 크라수스가 "스파르타쿠스가 누구냐?"라고 묻자, 서로 자기가 스파르타쿠스라고 했다는 일화가 있을 정도로 스파르타쿠스는 억압받는 계급들의 영웅이었습니다.

새 시대는 새로운 인간형을 요구합니다. 그렇다면 무엇이 '새로운' 것입니까? 새로운 것은 힘을 가지고 있어야 합니다. 봄에 싹이 피어났다 하더라도 꽃샘바람을 견디지 못하고 사그라지면 그것은 새 것이 아닙니다.

### Story*doing

우리가 꿈꾸는 새 하늘과 새 땅은
'한 사람은 만인을 위하여, 만인은 한 사람을 위하여'라는
모순된 삶의 방식이 올바른 형태로 실현되는 그런 사회입니다.
이런 전형을 우리는 이 이야기에서 찾을 수 있습니다.
여러분은 어떤 삶을 지향하고 계시나요?

## 신 제우스가
## 금지한 '불'을 인간에게 넘겨주었습니다.

프로메테우스와 그의 동생 에피메테우스는 인간과 다른 동물들에게 살아가기 위하여 필요한 능력을 주는 일을 맡았습니다. 에피메테우스는 어떤 동물에게는 넘치는 힘을 주었고, 어떤 동물에게는 민첩함의 능력을 주었으며, 또 어떤 동물에게는 강한 날개, 어떤 동물에게는 날카로운 발톱, 또 어떤 동물에게는 단단한 껍질을 주었습니다.

인간에게 천품을 주어야 할 차례가 왔습니다. 에피메테우스는 지금까지 가지고 있던 것을 다 써 버렸기 때문에 인간에게 줄 것이 아무것도 남아 있지 않음을 뒤늦게 깨달았습니다. 당황한 에피메테우스는 하는 수 없이 형 프로메테우스를 찾아가 이 문제를 상의했습니다.

프로메테우스는 아테네의 도움을 얻어 하늘로 올라가 태양의 수레에서 횃불을 옮겨 붙여 가지고 내려왔습니다. 신 중의 신 제우스가 금지한 '불'을 인간에게 넘겨준 것입니다.

이 선물을 받고 나니 인간은 어떤 동물과도 비길 수 없게 되었습니다. 인간은 불로 무기와 농기구를 만들 수 있었고, 집도 따뜻하게 할 수 있었습니다. 불로 화폐도 만들 수 있었고, 문화를 발달시킬 수도 있었습니다.

하지만 프로메테우스는 제우스의 분노를 사게 되었습니다. 제우스는 인간에게 불을 훔쳐다 준 프로메테우스를 코카서스 산 위의 바위에 묶어 놓고 독수리에게 간을 쪼아 먹게 했습니다. 간은 먹히는 대로 새로 돋아나 고통은 끝나지 않았습니다. 지금도 코카서스 산에서는 프로메테우스가 독수리에게 간을 쪼아 먹히고 있습니다.

### 같이*가치

신화 속의 '불'은 신의 영역입니다. 프로메테우스가 불을 훔친 것에 제우스가 분노한 것은 이 때문입니다. 신화가 불의 발견을 '도적질'로 묘사하는 것은 '불'을 일종의 '금지된 지식'으로 이해했다는 것을 말해 줍니다.

"모르는 것이 약"이라는 말처럼 '금지된 지식'은 인간이 그것으로 인해 겪게 될 위기와도 관련이 됩니다. 금지된 선악과를 따먹은 성경의 아담과 이브가 '낙원에서 추방'당한 것도 이와 같은 맥락에서 이해할 수 있습니다.

'불의 발견'이 신을 분노하게 했다는 이 신화는 기술 문명의 발전을 통해 '금지된 지식'을 하나씩 발견해 온 인간이 처하게 될 위기를 암시하기도 합니다. 생명 공학의 가공할 발전을 보면 이런 생각이 들지 않을 수 없습니다. 하고 싶고, 할 수 있다고 해서, 다 해서는 안 됩니다. 그래야 인간입니다.

### Story*doing

"어떤 아기를 원하십니까? 원하는 대로 맞춰 드립니다."
10년 뒤 어느 산부인과 병원에 이 같은 선전 문구가 붙을지도 모릅니다.
어떻게 생각하세요?

한밝달 **1월**

'자아와 세계'가 같이 사는 달

## 그 배는
## 그 배일까요?

『그리스 로마 신화』에 보면 테세우스라는 영웅이 나옵니다. 그는 에게 해의 해상권을 장악하고 절대 왕권을 휘두르던 크레타의 미노스 왕을 물리치고 조국으로 돌아와, 아테네를 도시국가 폴리스, Polis 로 통일하였습니다. 특정한 한 사람에게 권력이 몰리는 것을 싫어하던 아테네 사람들에게 테세우스는 영웅이었습니다. 그래서 해마다 아테네 사람들은 테세우스가 돌아온 것을 기념하여 축하 행사를 가졌습니다.

아테네 사람들은 그가 크레타에서 타고 돌아온 배를 앞세워 아폴로 신이 사는 델로스 섬까지 해상 행진을 하였습니다. 그런데 『플루타르크 영웅전』을 보면 희한한 내용이 기록되어 있습니다. 기원전 2000년경에 만든 테세우스의 배가 기원전 300년경까지 남아 있었다는 것입니다. 나무로 만든 배가 썩지 않고 천 년 이상 간다는 것은 불가능한 일이 아닙니까?

그런데 알고 보았더니, 그 배가 그렇게 오랫동안 유지될 수 있었던 것은 아테네 사람들이 해마다 배의 손상된 널빤지들을 새 것으로 바꾸었기 때문이라고 합니다. 이렇게 낡은 널빤지들을 새 것으로 갈다 보니, 테세우스 배에는 애초에 배를 만들었던 널빤지는 하나도 남아 있지 않게 되었습니다. 그렇다면 새 널빤지로 대체된 이 배는 원래의 테세우스 배인가 아닌가 하는 의문이 생기게 됩니다. 그 배는 그 배일까요?

시간이 흐르면서, 모든 존재는 물질적 조건이 변합니다. 그렇다면 이렇게 변해 버린 존재는 그 전과 같은 존재일까요? 예를 들어, 시간의 흐름에 따라 우리 몸은 태어나서 자라다 늙어 죽어 갑니다. 육체가 이렇게 변해도 우리는 이전과 같은 존재일까요?

물을 거울로 삼던 시절에 조상들은 물에다 얼굴을 비추어보지 말라며 무감어수無鑑於水라고 하였습니다. 살살 부는 산들바람에도 쉽게 일그러지는 물에 얼굴을 비추어 외모를 살피기보다는, 내면을 바로 보아야 한다는 엄한 가르침이 아니었겠나 하는 생각이 듭니다.

인터넷에 접속하면 정체를 밝히라며 아이디 ID를 요구하는데, 테세우스의 배도 인간의 정체성 IDentity에 대한 질문을 던지고 있습니다. 외모가 달라졌다 해도 여전히 나는 나인데, 우리는 외모에 온통 신경을 빼앗긴 채 살고 있습니다. 그것이 '나'인 줄 알고 말입니다. '나'를 바르게 볼 수 있는 지혜로운 눈을 갖는 데에, '테세우스의 배'라는 역설이 가지는 의미는 깊습니다.

## Story*doing

앞으로 의료 환경을 주도할 신기술 가운데 하나로 '줄기 세포를 이용한 생체 장기'를 꼽는 이들이 많습니다. 먼 훗날, 장기를 하나씩 교체하여 몸의 모든 기관을 모두 바꾼 사람이 있다면, 그는 여전히 '그 사람'일까요? 만약 그렇다면 무엇이 그를 '그 사람'으로 여기게 할까요?

## 어떻게
## 앉아서 자기를 찾겠다는 건가?

제자가 앉아서 묵상을 하고 있었습니다. 그런데 스승이 그 곁에서 계속하여 방바닥에다 벽돌을 문지르고 있었습니다. 처음에 제자는 스승이 자기 집중력을 시험하려고 그러는 줄 알고 꾹 참았습니다. 그러나 스승의 벽돌 문지르는 일이 그치지 않자, 제자는 도저히 그 소리를 참을 수 없었습니다. 그래서 자기도 모르게 버럭 소리를 질렀습니다.

"도대체 뭘 하고 계시는 겁니까? 제가 지금 묵상 중이라는 걸 모르십니까?"

스승이 말했습니다.

"이 벽돌을 갈아서 거울을 만들려고."

이 말에 더욱 화가 난 제자가 소리쳤습니다.

"도셨군요! 어떻게 벽돌로 거울을 만들 수 있단 말입니까?"

그러자 스승은 단호하게 말했습니다.

"자네보다야 덜 돌았지. 자네는 어떻게 앉아서 자기를 찾겠다는 건가?"

사람이 세상에 태어나 지능이 발달하게 되면, 자기 자신보다는 자기 주변에 먼저 눈길을 돌리게 됩니다. "엄마, 나란 존재가 도대체 누구예요?"라고 묻는 아이 봤습니까? 대신에 아이는 "엄마, 저게 뭐예요?", "엄마, 이건 또 뭐예요?"라며 이 세계에 대해 끊임없이 묻고 또 묻습니다. 그러다가 청소년기에 이르면 "나는 누구인가?" 하는 질문을 비로소 던집니다. 이처럼 사람은, 먼저 자기의 외부 세계를 알려고 하고, 그 다음 자기의 내면세계인 자아의 존재에 눈뜨게 되면서 점차 성숙한 인격으로 자라게 됩니다.

그렇다면 자아를 찾는 길은 무엇일까요? 러시아의 소설가 고리키는 다음과 같이 말했습니다. "인간은 불꽃처럼 타오를 수도 있고 꺼질 수도 있다. 그런데 불꽃을 큰 불길로 활활 타오르게 하는 방법은 단 하나뿐이다. 그것은 노동하고 또 노동하는 것이다." 앉아서는 아무것도 할 수 없다는 것입니다. 이태백은 어렸을 때 바늘을 만들려고 쇠공이를 갈고 있는 한 할머니를 보고, 그 할머니의 꾸준한 정신에 깊이 감동되어 힘을 다하여 학문을 닦았다고 합니다. 자아를 찾는 길도 바로 그러한 '노동의 길'에 있습니다.

당신은 지금까지 당신 자신과 함께 살아 본 적이 있습니까? - 크리슈나무르티

*Story doing*

신은 말씀으로 세상을 창조했지만, 인간은 노동으로 세상을 창조하고 있습니다.
당신은 어떤 노동으로 어떤 세상을 창조하고 있나요?

## 이 나무는 크고
## 저 나무는 작다.

며칠 동안 성자와 생활하고 난 뒤, 풀이 죽은 젊은이가 성자에게 물었습니다. 젊은이에게 성자는 쳐다보기에도 벅찬 하늘로 느껴졌기 때문입니다.

"스승님은 이렇게 훌륭한데 저는 왜 그렇지 못합니까?"

성자가 아무런 대답도 하지 않자 다시 물었습니다.

"스승님은 이렇게 성결한데 저는 왜 그렇지 못합니까?"

그러자 성자는 젊은이의 손을 잡았습니다.

"나와 같이 뜰로 나가 보자."

성자는 젊은이를 데리고 밖으로 나갔습니다. 뜰에는 두 그루 나무가 있었습니다. 한 나무는 커서 나뭇잎이 많이 달려 있었고, 다른 나무는 키가 작아 나뭇잎이 적게 달려 있었습니다. 이것을 보며 성자가 말했습니다.

"보아라. 이 나무는 작고 저 나무는 크다. 그러나 두 나무 사이에는 아무런 문제도 없다. 큰 나무는 작은 나무에게, 난 너보다 뛰어나다고 말하지 않는다. 작은 나무 또한 큰 나무에게, 난 키가 작아서 당신 옆에 서 있으면 열등감을 느낀다고 말하지 않는다. 큰 나무는 '큼'으로 아름답고 작은 나무는 '작음'으로 아름답다."

프랑스에 가면 "존중하시오, 그리하여 존중하게 하시오."라고 적힌 팻말이 공원의 잔디밭에 박혀 있습니다. 잔디밭에 들어가지 말라는 요구를 점잖게 표현한 것입니다. 톨레랑스Tolerance는 바로 이 팻말과 비슷한 요구를 담고 있습니다. 즉, "(남을) 존중하시오. 그리하여 (남으로 하여금 당신을) 존중하게 하시오." 하는 요구 말입니다.

그런데 진정한 톨레랑스는 '나'를 존중하는 일에서 시작됩니다. 그래서 법정 스님은 제비꽃은 제비꽃답게 살아야 한다고 했습니다. 제비꽃이 제비꽃의 모습 그대로 충만히 살아가는 삶에는, 스스로에 대한 한없는 존중이 깔려 있습니다. 제비꽃이 장미꽃을 부러워하며 스스로를 부끄러워해서는 안 됩니다.

마찬가지입니다. 작은 나무는 분명히 작고, 큰 나무는 분명히 큽니다. 그러나 작은 나무는 작은 나무의 아름다움이 있고, 큰 나무는 큰 나무의 아름다움이 있습니다. 큰 나무는 구름에 가깝고, 작은 나무는 땅에 가깝습니다. 큰 나무는 큼에 기뻐하고, 작은 나무는 작음에 기뻐합니다. 만물은 오직 그냥 그대로 '있음'으로 존중받을 만합니다. '나'도 그런 존재입니다.

### Story*doing

'나'를 '남'과 비교하며 살면 우리는 평생 불행합니다.
하지만 '오늘의 나'를 '어제의 나'와 비교하며 살면 우리는 평생 진보하고 발전합니다.
여러분은 누구와 비교하면서 살고 계시나요?

## 미완성의 부분을
## 꼭 남겨 두도록 하여라.

지금부터 약 이백 년 전의 일입니다. 영국 런던에 한 건물이 웅장하게 지어졌습니다. 건물의 외양도 아름답거니와 그 안의 장식도 멋지게 꾸며져 보는 사람들마다 크게 감탄하였습니다.

그런데 사람들은 이 건물에서 이상한 점을 발견하였습니다. 건물 처마에 수평으로 튀어나온 쇠시리 모양의 장식이 완성되지 않은 채 그대로 남아 있었습니다. 부주의해서 빠뜨린 것도 아닐 테고, 세계적인 부자가 그 부분을 완성하지 못할 만큼 돈이 없어서 그런 것은 더욱 아닐 텐데 말입니다.

그래서 한 사람이 건물주에게 물었습니다.

"건물이 아직 완성되지 않았는데요?"

그러자 건물 주인은 조용히 웃으며 대답하였습니다.

"우리 어머니께서 해 주신 말씀 가운데 이런 말씀이 있습니다. '얘야, 무슨 일을 하더라도 미완성의 부분을 꼭 남겨 두도록 하여라. 혼자 다 하려고 하는 것보다 누군가 할 수 있는 일을 남겨 두는 것이 좋은 거란다. 하느님께서도 우리를 그렇게 만들어 놓으셨단다.' 저는 그 말씀을 지금까지 살아오면서 한시도 잊은 적이 없습니다."

장애를 가지고 태어나, 삶에 지친 한 여자가 하늘을 향해 울부짖었습니다. "오, 하느님. 왜 저를 이렇게 만들어 놓으셨나요?" 그 여자가 울다 지쳐 그만 잠이 들었는데, 꿈결처럼 아득한 하느님의 음성이 들려 왔습니다. "사랑하는 딸아, 너는 아직 다 만들어지지 않았다. 나는 너를 지금도 만들고 있는 중인데, 너는 지금 내가 하는 일에 불평을 하고 있구나."

한 사람이 의지를 굳혔을 때, 우리는 새로운 사람을 만나게 될 것입니다. 그를 시각 장애인이 되게 하면 호머 Homeros 같은 위대한 시인을 만나게 될 것이고, 그를 감방에 넣으면 존 번연 John Bunyan 같은 사람을 만나게 될 것이며, 그에게 쓰디쓴 인종 차별의 굴레를 씌우면 디즈레일리 Benjamin Disraeli 같은 사람을 만나게 될 것입니다. 만약 그를 남아메리카 오케스트라의 눈에 잘 띄지 않는 제2 바이올린 석에 앉힌다면, 우리는 토스카니니 Arturo Toscanini 와 같은 사람을 만나게 될 것입니다. 이들을 가리켜 어떤 이는 "그럼에도 불구하고 별을 만진 사람들"이라고 하였습니다.

*Story＊doing*

사람에게는 조건이 중요합니다. 그러나 그 조건을 뛰어넘는 사람만이 삶을 알차게 완성해 나갈 수 있습니다. 사람만이 환경에 지지 않을 힘을 가지고 있는 유일한 동물이기 때문입니다. 삶은 결과가 아니라 과정입니다. 어떻게 생각하세요?

## 아팠던 속살에
## 영롱하게 박혀 있는 진주를 보았습니다.

바다 속에 있는 물의 나라는 무척이나 아름답습니다. 곱고 깨끗한 모래가 깔려 있고, 푸른 미역과 다시마가 물결에 따라 춤을 추기도 합니다. 그리고 산호가 꽃처럼 피어나 바다를 아름답게 장식하고 있습니다. 이 아름다운 물의 나라에는 물고기도 살고, 게도 살고, 새우도 살고, 조개도 삽니다. 이들 물의 나라 식구들은 서로 사이좋게 지내고 있습니다.

더욱이 이들은 모두 훌륭한 재주를 가지고 있습니다. 물고기는 헤엄을 잘 칩니다. 지느러미를 너풀거리며 멋진 춤을 춥니다. 다리가 많이 달린 게는 걸음이 빠릅니다. 모래 위를 쏜살같이 옆 걸음으로 달리는 재주는 누구도 흉내 낼 수 없습니다. 새우는 뜀뛰기를 잘 합니다. 등을 동그랗게 굽혔다가 힘차게 펼 때마다 새우의 날렵한 몸뚱이는 톡톡 튕깁니다.

그런데 맨 아래 모래에 웅크리고 있는 조개는 별 재주가 없습니다. 그저 모래 위에서 뭉그적거리는 것이 고작입니다. 그래서 조개는 마음의 병을 얻었습니다. 마음의 병은 곧 몸의 병으로 옮겨갔습니다. 처음에는 그저 속살이 찌뿌드드한 몸살이었습니다. 그런데 그 몸살이 이내 살을 찢는 듯한 아픔으로 변하더니 마침내는 정신을 잃을 정도의 괴로움이 되고 말았습니다. 때맞추어 바다도 함께 앓는 듯 물결을 뒤치며 무서운 파도를 일으켰습니다. 그 서슬에 조개는 이리 데굴 저리 데굴 정신없이 굴렀습니다.

그리고 얼마의 시간이 흘렀는지 모릅니다. 정신을 차린 조개가 굳게 닫았던 껍데기를 열고 보니, 어느덧 파도는 가라앉고 눈부신 햇살이 물속까지 비치고 있었습니다. 그때 조개는 아팠던 속살에 영롱하게 박혀 있는 아름다운 진주를 보았습니다.

스승에게 물었습니다.
"무엇이 사람을 천재로 만듭니까?"
"알아보는 능력."
"무엇을 알아본다는 말씀입니까?"
"애벌레 안에서 나비를, 알 안에서 독수리를, 이기적인 인간 안에서 성인聖人을."

진주를 잉태한 조개의 아픔을 넉넉히 안아 주는 푸른 바다가 그립습니다.

*Story*doing*

'애벌레 안에 나비가 있다는 것을 보는 능력'이 필요한 것이 아니라, '애벌레 안에 이미 나비가 있다는 믿음'이 필요한 게 아닐까요? 알 안에 이미 독수리가 있다는 믿음, 이기적인 인간 안에 이미 성인이 존재한다는 믿음이 필요한 게 아닐까요?

## 어린이가
## 이렇게 큰일을 할 수 있으리라 생각지도 못했습니다.

이탈리아의 한 시골에 열세 살 먹은 소년이 살고 있었습니다. 그런데 하루는 노벨 평화상을 받은 슈바이처 Albert Schweitzer 박사의 의료 선교에 대한 책을 읽고 나서, 그의 선교 사업을 돕기 위하여 조그만 일이라도 해야겠다고 결심했습니다.

소년은 공군 사령관에게 용돈을 털어 산 아스피린 한 병을 보내면서, 부대의 비행기가 슈바이처 박사의 정글 병원을 지나게 되면 낙하산으로 그것을 떨어뜨려 줄 수 있는지를 묻는 편지를 보냈습니다.

사령관인 린제이 중장은 이 편지를 보고 크게 감동하였습니다. 그리하여 그는 이탈리아의 한 방송국으로 소년의 사연이 담긴 호소문을 보냈습니다. 그 소식을 들은 이탈리아 국민들은 무려 40만 달러어치의 의료 용품을 모았습니다. 그 결과, 소년은 의약품을 가득 실은 항공기를 타고 슈바이처 박사를 직접 만나러 가는 행운을 얻게 되었습니다.

슈바이처 박사가 이 소년을 맞이하면서 한 말입니다.

"나는 한 어린이가 이렇게 큰일을 할 수 있으리라 생각지도 못했습니다. 소년의 아스피린 한 병은, 그 옛날 한 아이가 예수님께 내놓았던 '보리떡 다섯 개와 물고기 두 마리'라고 나는 확신합니다."

예수께서 갈릴리 지방에 계실 때 일입니다. 큰 무리가 예수께로 모였는데, 끼니때가 되었는데도 주린 그들을 먹일 음식이 없었습니다. 그러자 예수께서 떡을 구해서 그들을 먹이자고 하자, 제자 빌립은 그 정도의 무리를 먹이려면 이백 데나리온으로도 안 된다고 하였습니다.

그때 '역사적 사건'이 일어납니다. 한 아이가 자기가 먹으려고 가져온 '보리떡 다섯 개와 물고기 두 마리'를 내어놓은 것입니다. 하지만 제자 안드레가 보기에는 터무니없이 모자란 양이었습니다. 그래서 예수께 말씀드립니다. "여기 한 아이가 보리떡 다섯 개와 물고기 두 마리를 내어놓았습니다. 그러나 이것이 이 많은 사람들에게 얼마나 큰 도움이 되겠습니까?"

그러자 예수께서는 오천 명쯤 되는 사람들을 잔디에 앉게 하셨습니다. 그러고서 떡을 가지고 축복기도하신 다음에 앉은 자들에게 나누어주시고, 고기도 그렇게 저희가 원하는 대로 나누어주셨습니다. 그런데 모두들 먹고 배부른 후에 남은 조각을 모아 보았더니 열두 바구니나 되었습니다.

### Story*doing

기적은 힘센 어른들이 아니라,
나약한 어린아이 손에 들려진 빵 다섯 개와 물고기 두 마리에서 시작됩니다.
공동체를 위해 내어 놓을 '내가 가진 오병이어五餅二魚'는 무엇입니까?

그 다음에야
돈이나 그 무엇을 사랑해야 한다네.

어느 항구에서 슐레밀은 회색 외투를 걸친 사나이를 만납니다. 그 사나이는 얇은 주머니에서 쌍안경도 꺼내고 양탄자도 꺼내고 승마용 말도 꺼내는 등 신기한 일을 보여 줍니다. 그러고서 사나이는 슐레밀에게 다가와서 "당신의 그림자와 이 마법 주머니를 바꾸자."라고 제안합니다. 가난에 시달리던 슐레밀은 얼떨결에 승낙하고 맙니다. 사나이는 슐레밀의 그림자를 익숙한 솜씨로 돌돌 말아 주머니에 넣고 훌쩍 떠나 버립니다.

정신을 차려 숙소로 돌아오는 도중 슐레밀은 그림자를 어떻게 했느냐고 묻는 노파와 여인네의 의혹과 꼬마들의 놀림 때문에 곤욕을 치러야 했습니다. 그는 곧 그림자를 판 자기의 어리석은 행위를 후회합니다. 두문불출杜門不出 방에 처박혀 밤에는 사십 자루의 초를 방에 켜 놓고도 도무지 마음의 안정을 느끼지 못합니다. 그는 몇 번이나 아름다운 여인에게 사랑을 고백했으나, 그림자의 비밀이 드러나는 순간 실연의 쓴잔을 마셔야 했습니다.

그는 그림자야말로 그 무엇과도 바꿀 수 없는 고귀한 것임을 뒤늦게 깨닫고, 무슨 대가를 치르더라도 그림자를 되찾으려 합니다. 그러나 악마는 그림자를 돌려줄 테니 이제는 영혼을 달라고 요구합니다. 그는 줄곧 비웃고 유혹하는 악마의 간계에 말려들지 않으려고 마법의 주머니를 던져 버립니다. 그리고 어두운 광산으로 들어가 고된 노동을 하며 고통에서 벗어나려 합니다.

나중에 그는 그의 친구에게 말합니다.

"그대 나의 벗이여, 사람들 틈바구니에서 살고자 한다면 무엇보다도 먼저 그림자를 사랑하고, 그 다음에야 돈이나 그 무엇을 사랑해야 한다네."

프랑스의 과학자이며 소설가인 샤미소 Adelbert von Chamisso 의 「페어테 슐레밀」이란 소설의 줄거리입니다. 슐레밀이 팔아 버린 그림자, 그리고 이내 자기의 어리석음을 깨닫고 다시 찾으려고 애쓰나 영원히 찾을 수 없던 그림자, 그것이 없음으로 해서 인간 사회에서 따돌려지고 사랑하는 사람한테마저 저버림을 당하는 그 그림자는 무엇을 가리킬까요?

말할 것도 없이, 그림자는 직접 만질 수는 없으나 인간이라면 누구나 본디부터 가지고 있는 것입니다. 있을 때는 그다지 의미가 없어 보이지만, 그것이 없어지면 절실하게 필요해지는 그 무엇입니다. 그런 것이 이 세상에는 분명히 있습니다.

### Story*doing

슐레밀이 팔아 버린 '그림자'는 '조국'일 수도 있으며 '신앙'일 수도 있고 '사랑'일 수도 있고 '양심'일 수도 있고 '눈물'일 수도 있습니다.
여러분에게 그 그림자는 무엇인가요?

## 운하가 완성된 후!

파나마 운하를 건설하는 동안, 건설 책임자는 지리와 기후 등 여러 가지 힘든 문제를 이겨내야 했습니다. 하지만 이런 문제보다 더욱 그를 고통스럽게 만든 것은, 고국에 있는 많은 사람들이 결코 운하는 완성될 수 없다고 떠들어대는 비난을 참아야 하는 일이었습니다. 그러나 이 건설 책임자는 꾸준히 일만 할 뿐 침묵을 지켰습니다.

같이 운하를 건설하는 동료가 안타까운 나머지 그에게 물었습니다.

"당신을 비난하는 자들에게 해명하지 않을 작정이오?"

"때가 되면 하지."

"그때가 언제지요?"

다시 묻는 동료의 질문에 그는 미소를 띠며 이렇게 대답하였습니다.

"운하가 완성된 후!"

1914년 8월 15일, 마침내 파나마 운하가 개통되었습니다. 미국의 동쪽과 서쪽 해안 사이를 항해하는 배들이 혼 곶으로 돌아가는 대신 파나마 운하를 이용하면 약 8,000해리의 항해 거리를 단축시킬 수 있습니다. 대서양 심해에서 태평양

심해까지 81.6킬로미터에 걸쳐 뻗어 있는 이 운하는, 오늘날 세계적인 토목 공사의 하나로 평가받고 있습니다.

그래서 하는 말입니다만, 옳다고 믿는 일은 과감히 밀어붙여야 할 때가 있습니다. 거추장스러운 일에 이리저리 마음 쓰다 보면 할 일을 다 할 수 없기 때문입니다. 이것저것 다 신경을 쓰는 사람은, 한 발을 내딛기 전에 평생 한 발을 들고 살아야 할지 모릅니다.

아인슈타인이 '인생에서 성공하는 공식'이라는 것을 내놓은 적이 있습니다. "a가 인생에서 성공이라 하면, a=x+y+z이지요. 여기에서 x는 일이고, y는 휴식입니다." 그러고서 아무 말이 없자, 한 사람이 성급하게 물었습니다. "그러면 z는 무엇입니까?" 이에 아인슈타인은 짧게 대답하였습니다. "그것은 침묵을 지키는 것입니다."

동양의 지혜가 담겨 있는 『채근담菜根譚』은 우리에게 이렇게 말하고 있습니다. "침묵의 수양을 해 본 후에야 말 많은 것이 시끄러운 줄 알게 된다." 그렇습니다. 모든 것은 '운하가 완성된 후' 충분히 해명되니까, 조용히 그러나 힘 있게 밀고 나가십시오. 침묵도 때로는 훌륭한 웅변이 됩니다.

*Story＊doing*

… 아닙니다. 마틴 루터 킹이 이런 말을 하였습니다. "역사는 이렇게 기록할 것이다. 이 사회적 전환기의 최대 비극은 악한 사람들의 거친 아우성이 아니라 선한 사람들의 소름끼치는 침묵이었다고." 침묵하지 말아야 할 때 침묵하는 것, 어떻게 생각하시나요?

## 그러나
## 어둠이란 것은 없었습니다.

땅 밑에 사는 동굴이 있었습니다. 어둠에 묻혀 사는 동굴에게 한 소리가 들려왔습니다.

"밝은 데로 나오너라. 나와서 태양을 보자."

동굴이 말했습니다.
"그게 무슨 말인지 모르겠는걸. 어둠밖에 나는 아는 게 없어."

계속하여 권유하는 말에, 마침내 동굴은 위로 올라왔습니다. 자기를 부른 것은 태양이었습니다. 태양이 비치는 찬란한 빛을 보고 동굴은 깜짝 놀랐습니다.

오랫동안 바깥세상을 구경한 동굴은 태양에게 말했습니다.
"이리 와. 나도 너에게 보여 줄 게 있어, 어둠이라고."
"어둠이 뭐지?"
"와 보면 알아."

태양은 동굴의 초대에 응해서 땅 밑으로 내려왔습니다.
"자, 어둠을 보여 다오."

그러나 어둠이란 것은 그 어디에도 없었습니다.

### 같이*가치

아인슈타인은 세상에서 변하지 않는 것이 하나 있는데, 그것이 바로 '빛의 속도'라고 했습니다. 진공에서 빛의 속도는 초속 299,792,458미터로, 지구를 일곱 바퀴 반 정도 돌 수 있는 빠르기입니다. 이 빛의 속도는 물리적인 우주에서 유일하게 항구적인 것입니다.

태양이 내려오면 어둠이 사라지듯, 빛은 '항구적으로' 어둠을 이깁니다. 그래서일까요? 오 헨리 O. Henry 는 죽음을 앞두고 "불을 켜라! 어둠 속에서 나의 집으로 가고 싶지 않다."라고 하였고, 괴테 Goethe 는 죽으면서 "빛을 더! 빛을 더!"Mehr Licht! Mehr Licht!라고 되뇌었습니다.

그렇다면 어둠을 무너뜨리는 '빛'이란 과연 무엇일까요? 엘뤼아르 Paul Eluard 는 「이곳에 살기 위하여」라는 시에서 이렇게 은유적으로 대답하고 있습니다.

> 하늘이 나를 버렸을 때,
> 나는 불을 만들었다.
> 동지가 되기 위한 불,
> 겨울의 어둠 속으로 들어가기 위한 불,
> 보다 더 나은 삶을 위한 불을.

### Story*doing

'이곳에 살기 위하여'를 '용감히 살기 위하여, 떳떳이 살기 위하여, 멋지게 살기 위하여'로 바꾸면 어때요? 당신은 어떻게 바꾸고 싶으세요?

## 지금의 걸음걸이로 간다면
## 두 시간이면 도착하겠소.

옛날 어떤 사람이 길을 가는데 해 질 무렵이 다 되었습니다. 그는 앞으로 가야 할 목적지에 해가 아주 떨어진 다음에 당도하면 어쩌나, 걱정이 들었습니다. 그래서 길가에서 마을 사람에게 앞으로 몇 시간이나 더 가면 그곳에 도착할 수 있겠느냐고 물었습니다.

그러나 그 사람은 아무런 대답을 하지 않았습니다. 길을 가던 나그네는 몹시 불쾌했습니다. 그래도 하는 수 없이 얼마쯤 가고 있는데 갑자기 뒤에서, "여보시오." 하고 부르는 소리가 들렸습니다.

뒤를 돌아다보니 아까 자기가 목적지까지 가려면 몇 시간이나 걸리겠느냐고 물었을 때 아무 대꾸도 하지 않던 사람이었습니다. 길손이 발을 멈추고 왜 그러느냐고 되물었더니, 그제야 그는 이렇게 말했습니다.

"당신이 지금의 걸음걸이로 간다면 두 시간이면 그곳에 도착하겠소."

이 말을 들은 길손은 이상하게 생각하고, 진작 말할 것이지 갈 길이 바쁜 사람을 빨리 가지도 못하게 갈 길을 멈추게 하느냐고 했습니다. 이 말에 그는 이렇게 대답했습니다.

"아, 여보시오. 당신의 걸음걸이를 보아야 얼마나 시간이 걸릴지를 알 것이 아니겠소. 아무리 먼 곳이라도 빨리 걸으면 시간이 단축될 것이고, 그와 반대로 아무리 가까운 곳이라도 늑장을 부리면 오래 걸리지 않겠소?"

무척 과학적인 대답에 길손은 공손히 인사를 하고 돌아섰습니다.

## 같이 • 가치

사계절은 우리 삶의 네 시기와 상응합니다. 인생에서 유년기에 해당하는 봄은 아름다운 꽃과 깨어지기 쉬운 희망을 데리고 찾아옵니다. 청년기에 해당하는 여름은 위태로워 보이는 미소와 태풍처럼 사납게 휘몰아치는 정열로 그 뒤를 따릅니다. 이러한 질풍노도의 계절이 지나가면, 장년기에 해당하는 가을이 탐스러운 열매를 가득 든 채 그 뒤를 잇습니다. 그러나 이내 만물을 꽁꽁 얼려 버리는 겨울이라는 노년기가 시작되면서, 삶은 비로소 가까이 다가온 죽음의 손길을 느끼며 움츠러듭니다.

자연은 사계절을 번갈아 보내 줍니다. 그러므로 우리는 너무 빨리 걸음을 옮겨 놓으려고 해서는 안 됩니다. '빠름'이나 '느림'은 다 인간이 만들어 놓은 굴레에 지나지 않기 때문입니다. 자연에는 빠름도 느림도 없고, 그냥 '자연의 속도'가 있을 뿐입니다. 자연의 걸음걸이로 걸어서 도달한 곳에, 삶의 진정한 아름다움은 꽃처럼 피어납니다.

### Story*doing

신영복은 "나무의 나이테가 우리에게 가르치는 것은 나무가 겨울에도 자란다는 사실이다." 라고 했습니다. 나이테는 '빠름'과 '느림'이 서로 어울린 흔적입니다. 당신은 어떤 삶의 나이테를 만들어 가고 있나요?

들봄달 **2월**
'가족과 행복'이 같이 사는 달

# 하느님이시여,
# 사람을 만드시옵소서.

태초에 하느님이 천지를 창조할 때의 일입니다. 하느님은 우주 만물을 만드신 뒤, 사람을 만들지를 놓고 하늘의 여러 천사들과 의논하였습니다.

먼저 정의의 천사가 말했습니다. "만들어서는 안 됩니다. 사람을 만들면 그가 이웃에게 온갖 사악한 짓을 저지를 것입니다. 그는 강퍅하고 부정직하며 불의하기 때문에 이 세상이 죄악으로 가득 차게 될 것입니다."

그러자 진리의 천사도 고개를 끄덕이며 말했습니다. "만들지 마십시오. 그는 거짓되어서 그의 형제를 속일 것이며, 심지어는 하느님까지도 속이려 들 것입니다. 그리하여 진리는 눈감고, 거짓이 세상을 뒤덮을 것입니다."

거룩의 천사도 그 말이 맞다고 했습니다. "만들지 마소서. 그는 당신이 보시기에 불순한 것을 좇을 것이요, 하느님이 만들어 놓은 아름다운 창조 세계를 몹시 더럽힐 것입니다."

그런데 이때, 자비의 천사가 한 걸음 나아와서 이렇게 말했습니다. "하느님이시여, 사람을 만드시옵소서. 그가 죄를 짓고 정의와 진리와 거룩의 길에서 멀어질 때에, 제가 부드러운 손길로 그를 감싸고 사랑스러운 음성으로 그에게 말하여 다시 하느님께 데리고 오겠나이다."

이 '자비의 천사'가 지상에서 '어버이'라는 이름으로 우리 앞에 나타났다는 사실을 여러분은 아십니까?

진나라의 환온이 촉나라로 가다가 삼협을 지날 때의 일입니다. 일행 중 한 사람이 원숭이 새끼를 한 마리 붙잡아 배로 가지고 왔습니다. 그러자 어미 원숭이가 쫓아오며, 물을 사이에 두고 언덕에서 내내 슬피 울었습니다. 하지만 배는 아랑곳없이 달렸습니다. 그러자 어미 원숭이도 배를 따라 계속 쫓아왔습니다. 천 리 남짓 지난 곳에서 배를 언덕에 가까이 대자 어미 원숭이가 바로 배에 뛰어 올라왔습니다. 그러고서 그대로 숨이 끊어지고 말았습니다. 사람들이 배를 갈라 보았더니 어미의 창자가 가닥가닥 끊어져 있었습니다.

이때부터 사람들은 자식을 잃은 슬픔을 단장(斷腸)에 비유하였습니다. 사람도 원숭이도 사랑하는 자식을 잃었을 때의 심정은 다 같이 애끊는 모양입니다. 작가 박완서의 『한 말씀만 하소서』를 읽어봅시다. 아들을 잃은 단장의 슬픔을 피해가지 않고 처절하게 그려내어, 피가 묻어날 듯합니다. 자, 오늘은 그런 부모님의 사랑에 대해서만 생각해 봅시다.

### Story*doing

자식을 잃은 슬픔을 단장(斷腸)이라고 한다면,
부모를 여읜 슬픔은 천붕(天崩)이라고 합니다. 하늘이 무너지는 슬픔이라는 뜻입니다.
오늘은 가족이 주는 기쁨과 슬픔에 대해서 생각해 봅시다.

## 그래서
## 아무것도 청구하지 않는다.

어느 날 아침 어머니는 열 살 난 아들이 주는 종이를 받아 들었습니다. 그 종이에는 이런 내용이 적혀 있었습니다. "엄마는 저에게 빚이 있습니다. 엄마 심부름해 준 값으로 1,000원, 아빠 구두 닦아 준 값으로 1,000원, 할아버지 안마해 준 값으로 1,000원, 기타 착한 일 한 값으로 2,000원. 이래서 총 5,000원을 청구합니다. 아들."

이것을 본 어머니는 아무런 꾸지람도 없이 그냥 미소만 지었습니다. 그날 학교에서 돌아온 아들은, 그의 책상 위에 5,000원짜리 지폐와 함께 단정하게 접힌 또 다른 종이를 발견했습니다.

"얘야, 너도 엄마에게 빚이 있단다. 너의 식사를 마련해 준 대가, 옷과 신발과 학용품을 사 준 대가, 너를 편안하게 재워 준 대가, 네가 아팠을 때 간호해 준 대가, 기타 너에게 잘 해 준 대가. 하지만 모두 무료. 그래서 아무것도 청구하지 않는다. 너를 사랑하는 엄마."

### 같이 * 가치

가치와 평가는 다릅니다. 평가란 가치에 대한 우리의 반응이지, 가치 그 자체는 아닙니다. 그런데 사람들은 대체로 그것이 가지고 있는 가치를 생각지 않고 다만 쓸모에 근거하여 평가를 내리는 데 익숙합니다. 그래서 상황이 바뀌고 이제 더 쓸모가 없다 싶으면 그것이 가치 없다고 내치고 맙니다.

우리 사회에서 이미 불거진 노인 문제가 좋은 예입니다. 농경 사회에서는, 농사 짓는 데 노인의 경험이 더 없이 소중했기 때문에 노인은 집안의 기둥이었습니다. 그런데 현대 산업 사회에 접어들며, 노인의 경험이 더 이상 쓸모없게 되면서 노인은 주변으로 밀려나게 되었습니다. 효용적인 관점에서 노인에 대한 평가가 달라진다고 해서, 노인에 대한 가치까지 달라진다고 할 수 없습니다. 그런데 세상은 그렇지 않습니다.

얼마 전에 부모와 자식 사이의 유대 관계가 부모의 재산에 좌우된다는 충격적인 연구 보고서가 발표되었습니다. 미국, 영국, 일본 등 다른 나라에서는 부모의 경제적 지위가 낮을수록 자녀들이 더 자주 부모를 들여다보는데, 우리나라에서는 이와 정반대라는 것입니다. 우리나라를 칭하던 '동방예의지국'이란 표현은 호랑이 담배 피우던 시절의 이야기가 되어 버린 듯합니다. '청구할 돈이 떨어진 부모'는 자녀도 외면하는 비극적인 세상에 우리는 살고 있습니다.

*Story doing*

손윗사람의 손아랫사람에 대한 사랑을 내리사랑이라고 하고, 손아랫사람이 손윗사람을 사랑하는 것을 치사랑이라고 합니다. "내리사랑은 있어도 치사랑은 없다."라는 속담이 있습니다. 왜 이런 속담이 나왔을까요?

## 이 세상에서 가장 향기로운 것은
## 어머니의 사랑입니다.

　어느 날, 하늘에 사는 천사가 세상에 내려왔습니다. 천사는 자연의 모습과 인간의 삶을 구경하며 이리저리 돌아다녔습니다. 그리고 해 질 무렵이 되어서, 금빛 날개를 가다듬으며 말했습니다. "이제 빛의 세계로 돌아가야 하는데, 여기 왔던 기념으로 무엇을 좀 가져가자."

　그때 장미꽃이 눈에 띄었습니다. "그래, 저 꽃들을 가져가야겠구나. 저 꽃들은 얼마나 아름답고 향기로운가! 저것들을 꺾어서 꽃다발을 만들어 가지고 가면 빛의 세계가 더욱 향기로워질 거야."

　그런데 시골집을 지나가는데, 천사는 열린 문을 통해 누워 있는 아기의 미소를 보았습니다. "아기의 미소가 이렇게 아름다운 줄 몰랐네. 저 아기의 미소도 가져가야겠구나. 빛의 세계에 있는 천사들도 다들 미소 짓겠는걸."

　바로 그때, 천사는 소중한 아기에게 잘 자라고 입 맞추며, 그녀의 사랑을 샘물처럼 쏟아 붓는 어머니를 보았습니다. "아! 어머니의 사랑도 가져가야겠구나. 정말 이 세상에는 아름다운 것들이 많구나."

　이 세 가지 보물을 간직하고 천사는 빛의 세계에 이르렀습니다. 천사는 천국의 문을 열고 들어가기 전에 그가 가지고 온 기념품을 꺼내 보았습니다. 놀랍게도 아름다운 꽃은 이미 시들어 버렸고, 아기의 미소도 어디론가 사라져 버렸습니다. 다만, 어머니의 사랑만이 그 본래의 향기를 지닌 채 빛나고 있었습니다. 그는 시든 장미와 사라진 미소를 버렸습니다.

빛의 세계에 도착하자, 그가 무엇을 가져 왔는가 보기 위해서 하늘의 천사들이 모여들었습니다. 그 천사는 이렇게 말했습니다. "이것이 내가 지상에서 발견한 것 중 하늘까지 오는데 그 아름다움과 향기를 보존한, 유일한 것입니다. 이 세상에서 가장 아름답고 향기로운 것은 어머니의 사랑입니다."

### 같이 * 가치

한 프랑스 작가의 말입니다. "프랑스의 왕관을 썼던 69명의 군주 가운데에서 단지 세 명만이 백성을 사랑하였는데, 그들은 모두 유모가 아닌 어머니에 의해 양육되었다. 생 루이, 루이 7세, 그리고 헨리 4세."

그 군주에 대한 평가가 올바른지 여부는 제쳐놓고, 이 예화는 어머니의 사랑이 얼마나 고귀한지에 대해 말하고 있습니다. "네 안에/ 어미가 하나이거나/ 가끔씩 잊힌 이름일 적에도/ 어미는 천 개, 만 개의 너를 갖고/ 산다." 어머니의 사랑을 노래한 어느 시인의 시가 갑자기 떠오릅니다.

### Story * doing

암 투병을 하다가 세상을 떠난 어머니의 유서입니다.
"자네들이 내 자식이었음이 고마웠네. 자네들이 나를 돌보아 줌이 고마웠네."
… 무슨 생각이 드시나요?

## 우리 엄마는
## 더할 나위 없이 완전해요.

열 살 남짓 되어 보이는 어린 소년이 백화점의 여성 속옷 판매대에 왔습니다. 처음에는 몹시 수줍어하던 소년이 판매대에 있는 아가씨에게 말했습니다. "엄마한테 슬립을 선물할 건데요, 엄마 사이즈를 모르거든요."

아가씨가 물었습니다. "그래. 엄마는 키가 크시니 아니면 작으시니? 몸은 뚱뚱하시니 아니면 날씬하시니?" 그러자 소년은 환하게 웃으면서 이렇게 말했습니다. "우리 엄마는 더할 나위 없이 완전해요."

그래서 아가씨는 34 사이즈를 소년에게 주었습니다. 그런데 이틀 후, 그 소년의 어머니가 직접 백화점으로 와서 그것을 52 사이즈로 바꾸어 갔습니다.

**같이 * 가치**

어디 아들만 그렇겠습니까? 고슴도치도 제 새끼는 함함하다고 하는 속담, 들어 보셨지요? 어머니들도 자기 아들이 이 세상에서 최고라고 여깁니다. 예를 들어 볼까요? 어느 날, 아이젠하워 장군 Dwight David Eisenhr 의 어머니가 아들을 기다리고 있었습니다. 지나가던 사람이 "훌륭한 아들을 두셔서 자랑스러우시겠습니다." 하고 말하자, 어머니는 "어떤 아들 말이지요?" 하고 되묻더랍니다. 어머니에게는 아들 모두가 똑같이 훌륭하고 자랑스러웠기 때문입니다.

'그런 어머니'의 아들이 쓴 시 한 편을 감상해 봅시다.

어머니는 시장에서 물감장사를 하고 있었습니다. 그러나 어머니는 물감장사를 한 것이 아닙니다. 세상의 온갖 색깔이 다 모여 있는 물감상자를 앞에 놓고 진달래꽃빛 필요한 사람들에게는 진달래꽃물을 연초록 잎새들처럼 가슴에 싱그러운 그리움을 담고 싶은 이들에게는 초록꽃물을 시집갈 나이의 처녀들에게는 족두리 모양의 노란 국화꽃물을 꿈을 나눠주듯이 물감봉지에 싸서 주었습니다. 눈빛처럼 흰 맑고 고운 마음씨도 곁들여 주었습니다. 어머니는 해종일 물감장사를 하다 보면 콧물마저도 무지갯빛이 되는 많은 날들을 세상에서 제일 예쁜 색동저고리 입히는 마음으로 나를 키우기 위해 물감장사를 하였습니다. 이제 어머니는 이 지상에 아니 계십니다. 물감상자 속의 물감들이 놓아 주는 가장 아름다운 꽃길을 따라 저 세상으로 가셨습니다. 나에게는 물감상자 하나만 남겨두고 떠났습니다. 내가 어른이 되었을 때 어머니가 그러했듯이 아이들에게 세상에서 가장 아름답고 고운 색깔들만 가슴에 물들이라고 물감상자 하나만 남겨두고 떠났습니다.

- 강우식, 「어머니의 물감상자」

## Story\*doing

어머니가 해 주신 반찬이 제일 맛있는 까닭을 아십니까?
어머니가 해 주신 반찬이기 때문에 제일 맛있습니다. 이 말은 '순환 논리의 함정'에 빠져 있습니다. 그런데도 전혀 '오류'라는 생각이 들지 않은 까닭이 무엇인지 아세요?

## 온 힘을 다해
## 어머니를 사랑하는 것 아니겠어요?

집에서 연탄으로 불을 지피던 시절이니까, 꽤 오래 된 이야기입니다. 초등학교 선생님이 학생들에게 어머니를 얼마만큼 사랑하느냐고 물었습니다. 어떤 아이는 하늘만큼 사랑한다고 하고, 어떤 아이는 땅만큼 사랑한다고 했습니다. 다 어린이다운 답변들이었습니다.

그런데 한 소년이 벌떡 일어나 자기는 어머니를 '온 힘을 다해서' 사랑한다고 말했습니다. 그러자 선생님은 '온 힘을 다해서'라는 말이 무엇을 뜻하느냐고 물었습니다. 그러자 소년은 이렇게 대답했습니다.

"우리 가족은 3층에 사는데요, 연탄은 지하실 창고에 있거든요. 어머니는 몸이 그렇게 건강하지 못하셔서, 제가 연탄을 3층까지 날라 드려야 해요. 그런데 연탄은 매우 무거워서 온 힘을 다해야 가져 올릴 수 있어요. 그러니 저는 온 힘을 다해 어머니를 사랑하는 것 아니겠어요?"

텔레비전에서, 호랑이가 토끼를 잡기 위해 달려가는 장면을 본 적이 있습니다. 호랑이로서는 토끼같이 하잘것없는 것은 한 주먹 감도 안 되기 때문에 슬슬 가

다가 앞발로 한 번 툭 건드리면 될 것 같습니다. 그러나 그렇지 않았습니다. 호랑이는 토끼 한 마리를 잡을 때에도 온 힘을 다하였습니다. 200킬로그램이 넘는 몸으로 100미터를 5초에 달리는 속도로 달려가 사냥을 하였습니다.

그런데 토끼도 마찬가지입니다. 호랑이에 쫓기는 토끼는 어차피 죽을 목숨이니까 하고 그만 주저앉아 버리지 않을까 생각하는 사람이 있을 법합니다. 그러나 토끼는 그렇지 않았습니다. 호랑이에 잡히는 그 순간까지 온 힘을 다해 도망쳤습니다. 그래서 그 날랜 호랑이도 토끼 사냥에서 성공할 확률이 절반에도 미치지 못한다고 합니다.

어릴 때 양지바른 마당에 앉아 돋보기로 종이를 태우며 놀 때의 경험을 떠올려 보십시오. 햇빛이 하나의 초점으로 모아질 때만 종이가 탄다는 사실이 생각날 것입니다. 온 힘을 다해야만 사랑도 할 수 있고, 온 힘을 다해야만 예술도 할 수 있고, 온 힘을 다해야만 학문도 할 수 있습니다. 그것도 아주 구체적으로 한 군데에 집중하여 말입니다.

*Story doing*

'온 힘'을 다하여 사랑한다는 게 뭘까요?
"마음을 다하고 목숨을 다하고 정신을 다하고 힘을 다하여" 마가복음 12장 30절
사랑하는 게 아닐까요? 여러분은 누군가를 온 힘을 다해서 사랑하고 계시나요?

## 오늘은 무엇이 궁금하냐?

"당신은 어떻게 과학자의 길로 들어섰습니까?"

어느 기자가 물리학자인 아이작 라비 Isidor Isaac Rabi 에게 묻자, 그는 이렇게 대답했습니다.

"나는 과학자가 되지 않을 수가 없었습니다."

그러면서 그가 덧붙인 말입니다.

"이제까지 살아오면서 단 한 순간도 잊을 수 없는 말씀이 있습니다. 그것은 내가 학교에서 돌아오면 '오늘은 무엇이 궁금하냐?' 하고 물으시던 어머니의 말씀입니다. 어머니는 이 질문을 통해 이 세상에 대해 끊임없이 문제의식을 갖도록 나를 이끄셨던 것입니다"

오! 주여
저로 하여금 보다 훌륭한 부모가 되게 하소서.
자녀를 사랑하고 자녀가 하는 말을 끈기 있게 들어 주며
자녀의 괴로운 문제를 사랑으로 이해할 줄 아는 부모가 되게 하소서.

지나친 간섭을 삼가고 자녀와 말다툼을 피하며,
모순된 행동으로 자녀를 실망시키지 않게 하소서.
부모에게 예의 바른 자녀가 되기를 바라는 것같이
저도 자녀에게 친절하며 정중하게 하소서.
비록 부모라 할지라도 자녀에게 잘못했음을 깨달았을 때는
자신의 허물을 고백하며 용서를 구할 수 있는 용기를 허락하소서.
부질없는 일로 자녀의 마음에 상처를 입히지 않게 하시고,
자녀의 실수를 보고 웃거나 벌을 줌으로써
자녀로 하여금 수치심과 모욕감을 느끼지 않게 하소서.
시간마다 저를 인도하시어 저의 말과 행동으로 본을 보임으로써
정직하게 사는 것이 행복의 비결임을 분명히 보여 주게 하소서.
그리하여 자녀에게 진심으로 존경받고,
자녀들이 진정으로 닮기 원하는
부모다운 부모가 될 수 있도록 깨우쳐 주소서.

― 「자녀를 위한 부모의 기도」에서

## Story*doing

'좋은 부모 되기 위한 10계명'의 제1 계명은 "행동으로 본보기가 되라."입니다.
유전자보다 더 중요한 것은 부모라면서요.
사랑에도 연습이 필요하듯, 좋은 부모 되기에도 많은 연습이 필요하지 않을까요?

## 집행관,
### 어서 짐의 한쪽 눈을 빼어라.

옛날에 어진 임금이 살고 있었습니다. 그런데 백성들의 풍기가 날로 문란해지는 것을 보다 못해, 임금은 엄한 법령을 공포하였습니다. "듣거라! 앞으로 풍기를 문란하게 하는 자는 누구를 막론하고 두 눈을 뺄 것이니라." 그 뒤로 백성들은 삼가 행동을 조심하였습니다.

그러던 어느 날, 임금은 왕자가 풍기를 문란하게 했다는 사실을 전해 들었습니다. 왕자는 임금 앞에 끌려와 무릎을 꿇었습니다. 신하들은 과연 임금이 사랑하는 아들의 두 눈을 국법대로 뺄 것인가 하는 마음으로 긴장하며 지켜보았습니다. 임금은 서슴없이 명령을 내렸습니다. "왕자라 할지라도 국법을 어긴 이상 형벌을 받는 것이 마땅하다. 왕자의 눈을 빼어라."

"아니 되옵니다. 아무리 나라의 법이 엄하다 할지라도 단 하나밖에 없는 왕자님에게 그런 가혹한 형벌을 내리시는 것은 나라의 크나큰 손실이옵니다. 이번만큼은 잘못을 용서하여 주옵소서." 나이 많은 신하가 임금에게 간곡하게 아뢰었습니다. 하지만 임금은 고개를 설레설레 저었습니다.

"자, 국법대로 집행관은 어서 왕자의 눈을 빼어라." 집행관은 어쩔 수 없이 칼을 들어 왕자의 한쪽 눈을 뺐습니다. 집행관이 다시 왕자의 한쪽 눈을 마저 빼려고 칼을 잡자, 임금은 갑자기 손을 저으며 명령했습니다. "집행관, 듣거라! 왕자의 형벌은 한쪽 눈을 뺀 것으로 족하다. 그러나 법대로 집행해야 하는 것이 도리이니,

왕자 대신에 짐의 이 한쪽 눈을 빼도록 하여라."

"폐하, 그건 도저히 있을 수 없는 일이옵니다. 제발 고정하시어 명령을 거두어 주시옵소서." 신하들은 통곡을 하며 간하였으나, 임금은 귀도 기울이지 않았습니다. "집행관, 어서 짐의 한쪽 눈을 빼어라!" 집행관은 고개를 숙인 채 꼼짝도 하지 않았습니다. "폐하, 소인이 죽는 한이 있어도 그 명령만은 수행할 수 없사옵니다." 집행관이 움직이지 않을 것임을 알자, 임금은 스스로 칼을 움켜잡아 자신의 한쪽 눈을 빼었습니다.

### 같이＊가치

법의 내용이 정의로워야 하지만, 법의 집행 또한 정의로워야 합니다. 그런데 우리 사회는 어떻습니까? 혈연이니 학연이니 지연이니 하면서, 법의 집행이 무력화되는 것을 얼마나 오랫동안 보아 왔습니까? 우리는 이 이야기에서, 어버이의 가슴 아픈 사랑으로 회복되는 공동체의 질서를 발견하게 됩니다.

내 아이, 내 부모만을 감싸는 세태에서 우리는 천박한 가족 이기주의를 절감합니다.

### Story＊doing

99번 잘하다가 1번 잘못하면 돌아서는 게 '남'이고,
99번 잘못하다가 1번만 잘해도 감싸는 게 '가족'입니다.
'남'을 '가족'으로 넓히는 것을 이웃사랑이라고 합니다.
여러분은 날마다 어떤 '마음자리'를 편 채 살고 계시나요?

## 못은 하나도 없지만
## 못 자국은 그대로 남아 있다.

아주 성질이 난폭해서 걸핏하면 싸우고 입에 담지 못할 욕을 해 대는 청년이 있었습니다. 청년은 부모에게 늘 걱정거리였습니다.

하루는 친구와 놀다가 싸움을 했는데 그만 친구의 이를 부러뜨려서, 그 일을 수습하느라 청년의 아버지는 몹시 큰 어려움을 겪었습니다. 병원에 데리고 다니랴, 그 친구의 부모님으로부터 온갖 악담을 들으랴, 참으로 괴로운 나날이었습니다. 그런데 아버지는 아들에게 잘했다, 잘못했다 아무 말도 하지 않고 그저 묵묵히 며칠을 보냈습니다.

청년은 견디다 못해 아버지 앞에 무릎을 꿇고 잘못을 빌었습니다. 그러자 아버지는 아들에게 "네가 잘못을 저지를 때마다 못을 하나씩 박고, 좋은 일을 할 때에는 못을 하나씩 빼겠다."라고 말했습니다. 몇 달이 지났습니다. 문을 지날 때마다 계속 늘어만 가는 못을 바라보던 청년은, 마침내 그것을 다 빼는 데 도전하기로 마음먹었습니다.

마침내 기다리던 날이 왔습니다. 하나 박혀 있던 못을 아버지가 마저 빼자, 청년은 춤을 추며 자랑스럽게 말했습니다. "보세요, 아버지! 이젠 못이 하나도 남아 있지 않습니다." 그러자 아버지는 문기둥을 뚫어지게 들여다보고 "그래, 잘했다." 칭찬을 한 뒤, 이렇게 말을 이었습니다. "하지만 아들아, 못은 하나도 없지만 못 자국은 그대로 남아 있다는 사실을 늘 마음에 새겨 두어라."

남편과 다정하게 이야기를 나누다가도, 아내는 가끔 남편이 잘못했던 일을 화제로 삼았습니다. 노름을 해서 집안을 어렵게 하는 일이 다시는 일어나서는 안 된다며 말입니다. 그러자 남편이 짜증을 냈습니다. "어째서 자꾸만 지난 일을 들먹이는 거요? 난 당신이 다 용서한 줄로 알고 있는데." 이에 아내는 남편의 손목을 꼭 잡으며 이렇게 말했습니다. "그럼요, 나는 당신을 이미 용서했어요. 하지만 당신은 당신이 저지른 일을 잊어서는 안 됩니다."

물론, 사랑은 범죄록을 보관하지 않습니다. 그래서 인간이 저지른 십자가 사건마저 하느님은 깨끗이 용서하셨습니다. 하지만 우리는 예수의 몸에 '내'가 박은 못 자국을 한시도 잊어서 안 됩니다. 만약 그것을 잊어버린다면, 인간은 언제든지 예수의 몸에 다시 못질을 할 수 있는 그런 존재이기 때문입니다. 그래서 성경은 그 사건을 그대로 실어 놓고 있습니다. 2000년이 지난 지금까지도.

*Story＊doing*

사랑은 범죄록을 보관하지 않습니다. 하지만 역사는 범죄록을 보관해야 합니다.
8월 14일은 '세계 위안부 기림일'입니다.
역사는 함께 기억할 때 완성된다는 말을 어떻게 생각하십니까?

## 어머니가 나가시면
## 세 아들이 다 추울 것입니다.

　세종대왕 때의 일입니다. 민손이라는 사람이 계모 밑에서 천덕꾸러기로 살았습니다. 민손의 계모는 엄동설한에 자기가 낳은 친아들 두 명에게는 따뜻한 솜옷을 입혔으나, 민손에게는 갈대옷을 입혀 추위에 떨게 하였습니다.

　어느 날 민손의 부친이 민손에게 말했습니다. "내가 관청에 가야 할 일이 있으니, 수레를 좀 끌어라." 추위에 덜덜 떨던 민손이 아버지가 탄 수레를 잡자마자 수레가 요란하게 떨렸습니다. 부친은 "그렇게 추운가?" 하고 물었으나, 민손은 "아닙니다." 하고 더 이상 아무 말도 하지 않았습니다. 그런데도 계속 떠는 모습을 보고 부친은 민손이 입은 옷을 만져 보았습니다. 그때서야 민손의 옷이 얇은 갈대로 지은 옷이란 것을 알아차렸습니다.

　화가 치민 부친은 민손의 계모를 불렀습니다. "아니, 여보 이럴 수가 있소? 손이의 옷이 그게 뭐요? 이 추운 겨울에 이것을 옷이라고 입혔소? 당장 이 집에서 나가요!" 하고 민손의 부친은 불호령을 내렸습니다.

　난처해진 것은 바로 민손이었습니다. 이내 민손은 부친에게 공손히 나아가 말했습니다. "실로 어머니가 계시면 한 아들만 춥습니다. 그러나 어머니가 나가시면 세 아들이 다 추울 것입니다. 아버님, 어머니를 용서해 주십시오."

　이 말을 듣고 있던 계모는 눈물을 흘리면서, "손아! 내가 잘못 생각하였구나.

내가 죽일 것이다." 하고 용서를 빌었습니다. 하지만 민손은 계모의 손을 잡으며, "아닙니다, 어머니! 계속 애정으로 감싸주십시오." 하고 겸손하게 말했습니다.

용서는 바로 우리 손에 달려 있습니다. 우리는 용서의 손을 펴서 우리 자신과 우리에게 상처를 준 사람에게 평화를 전해 줄 수도 있고, 아니면 꼭 쥔 채로 서로의 고통스러운 삶에 상처를 더할 수도 있습니다. "용서를 선택함으로써 우리는 과거에서 해방되어 현재를 치유할 수 있다."라는 러스킨 Dr. Fred Luskin 의 말이 실감납니다.

이처럼 용서는 나와 너 사이에 엉킨 실타래를 풀고, 끊어진 것을 다시 이어 주는 것입니다. 용서하고 나면 상대방의 마음도 편해지지만, 자신의 마음 또한 편해집니다. 따라서 용서의 수혜자는 상대방이기도 하지만 자기 자신이기도 합니다. 그래서 『명심보감』도 "모든 일에 너그러움을 좇는다면 그 복이 저절로 두터워지리라." 하고 우리를 가르칩니다. 용서하고 나면 그 복이 스스로 자기에게 온다는 것입니다.

*Story✽doing*

사회에서 말하는 '정상 가족'이란,
아빠, 엄마, 자녀로 이루어져 있는 핵가족 형태를 가리킵니다.
이혼과 재혼, 동거와 별거, 비혼 등 새로운 가족 양식이 늘어나고 있는데,
과연 이러한 가족을 모두 비정상적이라고 할 수 있을까요?

## 부인의 말 없는 말에 귀를 기울이십시오.

결혼 생활에 문제가 생긴 사람이 스승의 충고를 청하였습니다. 사연을 듣고 난 스승은 그에게 말했습니다.

"부인의 말에 귀를 기울일 줄 알아야 합니다."

그 사람은 충고를 가슴깊이 새겼습니다.

한 달 후에 그는 다시 스승에게 왔습니다. 자기는 아내가 하는 모든 말에 귀를 기울였는데, 문제가 아직도 남아 있다는 것이었습니다.

스승은 미소를 지으며 다시 말했습니다.

"이제 집에 가서, 부인의 말 없는 말에 귀를 기울이십시오."

> 같이*가치
>
> 굳이 말이 필요 없는 사이, 마음과 마음이 서로 통하는 관계를 이심전심以心傳心이라고 합니다. 원래 이 말은 불교 용어로, 선종에서 문자에 의지하지 않고 경론에 의지하지도 아니한 채 곧바로 스승과 제자가 대면해 마음에서 마음으로 법을 전하는 것을 뜻합니다.

그 대표적인 일화가, 부처님께서 연꽃을 들자 가섭 존자가 미소를 지었다는 염화미소拈華微笑에 담겨 있습니다. 그 이야기는 이렇습니다. 부처님께서 영축산에 계실 때입니다. 대범천이 꽃 한 송이를 바치며 설법을 청하자 부처님께서는 아무 말 없이 그 꽃을 집어서 대중에게 보였습니다. 아무도 그 뜻을 알지 못하고 가만히 있는데, 가섭 존자만이 그 뜻을 읽고 미소를 지었습니다. 마음에서 마음으로 통한 것입니다.

법정 스님은 "침묵의 체로 거르지 않은 말은 사실 소음이나 다를 바 없다."라고 했는데, 이는 생각하고 또 생각하고 또 생각하여 조심스럽게 말하라는 '경책 대나무나 갈대로 만든 납작하고 긴 막대기. 참선할 때 졸거나 자세가 흐트러지거나 권태로워하는 사람의 어깨를 쳐서 정신을 차리게 한다'이기도 하지만, '말 없는 말'에 귀 기울일 줄 모르는 사람들을 향해 내려치는 '죽비 불사(佛事) 때에 승려가 손바닥 위를 쳐서 소리를 내어 시작과 끝을 알리는 데 쓰는 도구'이기도 합니다. 길 없는 곳에 길이 있고, 말 없는 곳에 말이 있습니다.

*Story\*doing*

야생차는 뿌리가 나무의 두 배
사람도
두 마디는 가슴에 묻고
한 마디만 하면
차茶처럼 향기로우리.

― 원경 거사

입은 하나인데 귀는 두 개인 까닭이 무엇인지 아시나요?

## 도움 받은 책들

강일석, 『진솔한 삶을 위한 예화 선집』, 남성.

권정생, 『하느님의 눈물』, 산하.

김용덕, 『연꽃수레 꿈수레』, 전예원.

김장호, 『불경 이야기』, 문화사랑.

김지하, 『생명과 평화의 길』, 문학과지성사.

김현아, 『차돌이는 환경 박사』, 산하.

마빈 토케이어, 『탈무드』, 범우사.

민 영, 『중국 민화집』, 창작과비평사.

민은기, 『서양 음악의 이해』, 음악세계.

박용성, 『교과서와 함께 구술 논술 뛰어넘기』, 이슈투데이.

박해용, 『우화 속의 철학 이야기』, 다솔.

백기완, 『위대한 이야기』, 민족통일.

법 정, 『말과 침묵』, 샘터.

서정주, 『세계 민화집』, 민음사.

손동인, 『남북 어린이가 함께 보는 전래 동화』, 사계절.

신현배, 『5000년 세계 우화』, 홍진피엔엠.

위기철, 『생명이 들려준 이야기』, 산하.

윤도중, 『사랑의 옹달샘』, 할렐루야서원.

이기남, 『중국 우화집』, 현암사.

이누카이 미치코, 『성서 이야기』, 한길사.

이상길, 『사랑과 지혜를 위한 예화 선집』, 남성.

이오덕, 『까마귀 아저씨』, 인간사.

이원수, 『아동 문학 전집』, 웅진출판사.

이윤기, 『그리스 로마 신화』, 웅진닷컴.

이현주, 『옹달샘은 샘이다』, 참세상.

임동권, 『한국의 민담』, 서문당.

장자옥, 『명작 예화 사전』, 쿰란출판사.

정완상, 『과학자들이 들려주는 과학 이야기』, 자음과 모음.

조성오, 『철학 에세이』, 동녘.

최 열, 『지구촌 환경 이야기』, 청년사.

탁석산, 『한국의 정체성』, 책세상.

한수영, 『대중을 위한 철학』, 한길사.

## 숲 [suːp]

1. 다양하고 의미있는 컨텐츠들이 모여 마음껏 교육을 상상할 수 있는 곳
2. 살얼음 가득한 교육 현장 속에서 지친 마음을 위로하는 따뜻한 수프

피터 볼레벤의 「나무수업」에서 보면
인간의 손길이 거의 닿지 않는 너도밤나무 숲의 나무들은
그 굵기와 상관없이 각 나무의 잎이 광합성으로 생산하는
당의 양이 비슷하다고 합니다.

지하의 뿌리를 통한 활발한 네트워크를 통해
모든 나무가 동일한 성과를 올리도록 원활한 분배를 이루어
서로 보폭을 맞추는 균형과 조절작용을 하는 것입니다.

우리 교육의 푸른 나무는 미래를 살아갈 주인인 학생들과
현장에서 교육의 희망을 놓지 않고
오늘을 사는 선생님들입니다.

교육숲은 교육 소외지역의 지원,
교사의 성장, 교사단체와의 상생 등
우리 교육 회복을 위한 연결의 뿌리가 되고 싶습니다.
교육의 건강한 성장과 함께 가는 숲이 되겠습니다.


우리 교육의 작은 씨앗이 튼튼하게 자라나는 곳-

교 / 육 / 숲 /

**Our vision**
### 교육숲의 비전
하나님의 방법으로 바른 성장을 이루는 교육숲,
자본의 선한 영향력으로 교육의 회복을 돕는 교육숲

**Our promise**
### 교육숲의 약속
하나, 하나님이 우리를 사랑하시듯 아이들을 사랑하는 마음으로 하겠습니다.
둘, 머리보다는 마음을 먼저 지식보다는 지혜를 먼저 키우는 일에 힘쓰겠습니다.
셋, 따라 하고 싶지만 따라 할 수 없는 것들을 만들겠습니다.
넷, 미래세대에게 물려줄 자연환경을 지키도록 노력하겠습니다.

**What we do**
### 교육숲이 하는 일

배움중심 참여수업을 기반으로 한 다양한 컨텐츠를
개발하고 보급하는 수업교구 전문 브랜드입니다.

다양한 교수학습 자료들과 교육서적을
선생님들께 소개하고 나누는 공간입니다.

교육의 소외지역 지원과 교사들의
나눔과 협력을 돕는 상생의 커뮤니티 공간입니다.

교육숲은 항상 선생님의 든든한 친구가 되겠습니다.    www.edu-soup.com ▼

이 도서의 국립중앙도서관 출판예정도서목록(CIP)은
서지정보유통지원시스템 홈페이지(http://seoji.nl.go.kr)와
국가자료종합목록시스템(http://www.nl.go.kr/kolisnet)에서 이용하실 수 있습니다.

CIP제어번호: CIP2019004897

## 스토리텔링,
## 스토리두잉으로 피어나다 같이 읽으면 가치 있는 이야기

초판 1쇄 발행   2019년 2월 28일

**지은이** • 박용성
**펴낸이** • 서지영
**펴낸곳** • 북토리
**꾸민이** • 북토리 디자인실
**주  소** • 경기도 군포시 대야1로 13, 302호 (대야미동, 대야빌딩)
**전  화** • 031-437-1060
**메  일** • admin@edu-soup.com

ISBN • 979-11-965685-2-8 (03810)

\* 잘못된 책은 구입하신 곳에서 바꾸어 드립니다.
\* 책값은 뒤표지에 있습니다.
\* 북토리는 교육숲(주)의 출판브랜드입니다.